企業のポテンシャルが市場で正しく
評価されるIR行動とは何か？

IR
ユニバーシティ

IRオフィサー入門

北川哲雄 著

まえがき

本書の意図

　本書の読者として想定しているのは、第1に、主に企業において新たにインベスター・リレーションズ（IR）担当になられた方、すなわちIRオフィサー（新任のIR担当部長・IR担当者）の方々である。第2には、ビジネススクール（大学院）においてファイナンスやマーケティングの応用科目として「インベスター・リレーションズ」を受講される学生の方々である。

　規律ある資本市場を形成するための一翼を担う、そのような崇高なる使命を持って、IR活動に励もうとする現役IRオフィサーの方々にはとりわけ読んでいただきたいと思っている。もちろんIRオフィサーが第一義的になすべきことは、企業組織の一員としてあるべきIRの日常業務を遅滞なく着実にこなすことである。その積み重ねの結果として企業価値の向上に積極的に寄与するということが、職務として課せられたことであろう。

　しかし、そういった使命を持つこと自体が「資本市場」、大げさに言えば社会全体のあるべき方向性（目標）と合致するものであるということも強く意識する必要がある。それが、どのようなロジックで結びつくかは本書の中での筆者による説明でおわかりになると思う。

　さて、筆者はインベスター・リレーションズ（Investor Relations、以下IR）という科目を2008年度より所属する大学院（ビジネススクール）で担当している。あまりわが国では開講されていない科目の授業であり日々悪戦苦闘をしているが、このような科目を設定したことが上記の理由からも、また、企業のIR活動が急速に高度化するなか非常に意義のあること（筆者の授業内容が評価に値するものであるかどうかは別として）のように思えてきた。

　ところで、IRと似た言葉としてPR（Public Relations：広報）がある。また、よく峻別がつきがたい言葉としてAdvertising（広告）もある。

　この中で最も広範囲な定義域を持つのはPRである。企業をとりまく様々な

ステークホルダーに対して、多彩なコミュニケーション手段を通じ情報発信（時には情報交換）し、関係構築を行うのが PR と言えよう。Advertising（広告）はステークホルダーの一部である顧客（見込み客も含め）との関係構築を図る行為と言えよう。これに即して言えば、IR とは同じくステークホルダーの一翼を担う投資家との関係構築を図る行為と言えよう。したがって、PR についての優れた概念書は IR の様々な問題に関して考えるときにも非常に参考になる。企業の各ステークホルダーとの関係で捉えた概念図は下記の図表のようになる。

　さて、IR とはこの定義から、何となく派手に自社の製品（IR の場合、株式や債券）の魅力をアピールする活動と思われがちであるが、いざ IR オフィサーとして業務に携わってみると、中々奥の深い、あるいは一筋縄ではいかないものだということが徐々にわかってくる。究極の訴求相手、その主たるものは、機関投資家のポートフォリオ・マネジャーであるが、彼らの関心を探るためには、浅薄な資本市場の知識やその場しのぎの説明だけでは対応できないことになるからである。それどころか最近の現役の IR オフィサーによれば「個人投資家であっても分析レベルは非常に高い」という評価もある。

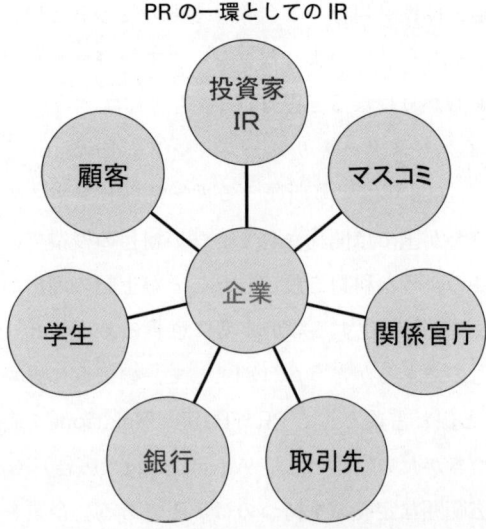

ところで、Advertising（広告）の場合、ともかく効果的な宣伝活動を行えば、比較的短期間に売上増という形で結果がついてくることも予想されるが、IRの場合、短期的にはそうはいかないどころか、一生懸命行ったところで逆の結果（株価が下落するなど）が出ることも少なくない。

　しかし、長期的な視点でIRの基本をよく理解し、懸命に取り組めば、必ずや企業価値（＝株主価値）の向上に寄与し、その結果、企業にとって望ましい株主（洗練された投資家）に長期的に保有されることが可能となると思われる。それは決して安易に成し遂げられることではないが、大変やりがいのある職務であると筆者は思う。

　さて、前置きが長くなったが、本書は、IRオフィサーがIR活動を行うにあたり理解しておくべき基礎的事項の修得あるいは確認を目的としている。ここでいう基礎的事項とは、やや「理念的」「概念的」なものである。IRオフィサーが日々具体的に行うべきことを箇条書きにして列挙し、説明するものではない。その点については専門家（ベテランIRオフィサーやIRコンサルタント等）から実に多くの良書が既にあるし、筆者にはそのような能力はない。

　また筆者は資本市場において主にアナリストとして活動してきたために、特有のバイアス（偏見）があるかもしれない。ややアナリスト寄りという批判も受ける可能性もある。それは御寛恕いただくとして、筆者としてはなるべく広汎にIRオフィサーが職務に携わるにあたって必要な基礎的事項を織り込んだつもりである。筆者の見るところIR活動は「総合的アート」と言ってもよいのではと思う。情報デザイン、財務報告、企業財務、証券市場、投資分析、リスク管理、コーポレート・ガバナンス等関連する様々な分野の基礎的知識を踏まえ、統合し、企業において日々生起する様々な事象（本当にうんざりする程ある）に対処しなければならない。よりハードな表現として「知の総合格闘技」という言い方も筆者は授業中にしている。いつどこから槍が飛んでくるかわからないという意味ではK-1ファイター並の鍛錬が必要かもしれない。

　ところで、本書のタイトルである「IRユニバーシティ」というのは、最近できた米国のWEBサイト、IR AlertにあるIR UNIVERSITYというコーナーに刺激されたものである。同サイトはNIRI（National Investor

Relations Institute、全米 IR 協会）の会員向けに紹介され、今日 IR の世界において羅針盤的な役割を果たしているものである。

　同コーナーは IR オフィサー向けの知識普及・教育の場としてカレントなテーマが盛り込まれている。NIRI 自体が運営しているわけでなく民間企業数社がスポンサーとなっているため、純粋な NIRI ベースのサイトとは言えないが、IR オフィサーにとって大変役立つサイトとなっている。

　この内容をつぶさに見ると、IR オフィサーはかなり広汎な知識を有し、かつ毎日得られる情報を効率的に束ねていく能力が必要であることがわかる。ともかく本書もそれに倣い、IR オフィサーとして関心を抱くべき事柄について広汎に触れることを意図し、このような書名にさせてもらった。

　前置きが長くなってしまったが、各章の内容は以下の通りである。

　第1章は「現代社会の一翼を担う IR オフィサー」と題している。筆者は長年、アナリスト特にバイサイド・アナリストとして IR オフィサーの方と接してきて、これまでの進展、現在における華々しい活動振りに目を見張っている。若くて優秀な方々に是非チャレンジしていただきたい魅力的でプロフェッショナルな職業となりつつあり、中には溌剌として惚れ惚れするような活動を日々されている方も多い。その実相については、主に知人の欧米 IR オフィサーの平均像を念頭におき、筆者なりに搾り出したいと思う。魅力的な IR オフィサーが増えてくることが、大げさに言えばわが国にとっても非常に有意義なことと筆者は確信している。

　続く第2章は「IR と情報」と題している。IR 活動は資本市場に対し効率的かつ適切に情報を発信し続けなければならない。では、資本市場においてはいかなる情報の発信が望まれるのか。そして投資家はそれを基にどのように投資意思決定を行うのか。そのプロセスを概観してみたいと思う。

　第3章のタイトルは「IR 活動の評価」である。IR 活動は今日様々な方法で評価されている。この中で、もっとも辛辣なのはアナリストによるものであろう。彼らはもっとも熱心に企業の開示資料を読み解き、かつ日常的に IR オフィサーに接しているからである。アナリストの評価がどのように行われてきたか、現在どのように行われているかを米国の歴史も参考にしながら検討してみたい

と思う。

　第4章と第5章は「NIRI基準の意味するもの」と題している。大学のインベスター・リレーションズの授業においては様々な企業のケースを学生の方々と検討してきたが、IR活動が優れた企業は、意識しているか、していないかを問わず、2004年に制定されたNIRI基準の精神を十全に取りいれて具現化していることがよくわかる。これは教えている側である筆者が驚きをもって感じたことである。そこで2章にわたってNIRI基準を正面から捉え、その中でエキスとなるものを取り上げ検討したいと思う。あるべき「情報開示の基本哲学」はここにすべて盛られているといってよい。「基本哲学」というと大げさな言い方であるが非常にシンプルな常識に基づくものであることを読者は一読して感じられるであろう。そしてここでの議論を誤解なく会得していれば何の憂いもなく日常的なIR活動に邁進できることになろう。

　第6章は「情報開示の基本哲学〜NIRI基準の背後にあるもの」と題している。第4章、第5章で検討した2004年NIRI基準は一朝一夕でできたものではなく、その源流は文献をたどってみると少なくとも1960年代まで遡ることができる。当時の先進的企業のIR哲学こそ、現在のNIRI基準のバックボーンになっているものである。

　続く第7章は「わが国におけるIRの発展について〜2つの企業のケースについて考える」と題して、4〜6章まで検討した米国企業のケースを踏まえ、わが国におけるIRの歴史といったものを私的経験も踏まえスケッチしたいと思う。

　第8章は「会計情報開示の変遷とIR政策」である。会計情報の開示はIR活動の中で非常に重要なものであることは言うまでもない。昨今ではIFRS導入問題もあり揺れ動いているところでもある。日本における会計情報の開示には非常に遅れている面がある一方で、強制開示項目においても自主的開示事項においても世界に誇ってよいものがある。それらの点を冷静に見る必要があると思い、この章を設けた。

　最後の第9章は「WEB. IR時代の情報デザイン力」と題している。8章までの議論も踏まえ、非常に変化の激しいIR活動の中で、特にWEB. IRを取

り上げてみた。WEB．IR は全ての人に迅速に公知されるという意味で、それがなかった時代の IR と比べ、IR 活動自体を大きく変化させるものとなっている。ここでは、企業自身の総合情報デザイン力が問われる時代になったと言えよう。その点について筆者の見解を述べたいと思う。

　なお、その後、補論としてかつて「国際医薬品情報」誌において筆者がトップアナリストと行った対談をほぼそのまま再掲している。トップアナリストの視点が如実に浮き彫りにされているものと、掲載された当時話題になったものである。本書の想定する読者にとっても有益と思い再掲する次第である。

　以上が各章の内容であるが、各章の末に、「課題」を設けておいた。授業の際に学生と討議する上で有益であったトピックスをここで再現してみた。いかなる設問も簡単に答え（solution）が断定できないものばかりである。むしろ本書を基にして読者自身で考えてみるべきものを載せている。今後の IR 活動を行う上でのヒントになれば幸いである。

　最後に本書の刊行にあたり国際商業出版の岩垂廣氏（国際医薬品情報 編集長）、および上野蘭子さんに暖かい励ましと適切なアドバイスを受けたことに深謝したい。いくどもギブアップしかけた本書が曲がりなりにも完成したのはお 2 人のお陰である。もちろん本書の文責は北川個人に帰するものである。

平成 22 年 9 月吉日　　北川　哲雄

目　次

第1章　現代社会の一翼を担うIRオフィサー……………………………1
　NIRIの存在……2
　今日におけるIRオフィサーの役割～企業と投資家の「知の架け橋」になる……5
　現代社会の一翼を担うとはどういうことか……7

第2章　IRと情報………………………………………………………………11
　アナリストから見た優れたIRオフィサー……11
　利益予想情報の重要性……12
　情報の効率性と情報開示の公平性のもたらすもの……16

第3章　IR活動の評価………………………………………………………19
　アメリカにおけるアナリストによる評価……20
　日本におけるアナリストによる評価……26

第4章　NIRI基準の意味するもの（その1）……………………………29
　自主規制機関としてのNIRI……29
　NIRI基準の概要……30
　IRオフィサーの責務（1）～経営委員会のメンバーになれ……32
　IRオフィサーの責務（2）～SelectiveかDifferentialか……34
　モザイク情報……36
　IRオフィサーの責務（3）～市場からのヒアリング機能を果たせ……39

第5章　NIRI基準の意味するもの（その2）……………………………45
　ネガティブ情報ほど早く伝えるべき……46
　ディスクロージャー・ポリシーを設定すること……48
　予測情報とセーフハーバー・ルールの留意点……49
　非財務情報、とりわけ経営者能力の重要性……51

第6章　情報開示の基本哲学～NIRI基準の背後にあるもの……………57
　IRの歴史についての簡単なスケッチ……57

GE の IR 哲学 ……59
　　　1963 年 AMA 報告〜IR 関連文献の嚆矢 ……63
　　　IRA から NIRI へ ……64

第 7 章　わが国における IR の発展について
　　　〜 2 つの企業のケースについて考える……………………………69
　　　わが国における IR の黎明期はいつか ……69
　　　1980 年代前半の状況 ……70
　　　松下電器産業（現パナソニック）のケース ……73
　　　松下電器産業の情報開示哲学 ……73
　　　日本電産のケース ……76

第 8 章　会計情報開示の変遷と IR 政策 ………………………………83
　　　会計ビッグバンで失ったものも大きい ……84
　　　証券取引法の気高い精神と税法の呪縛 ……85
　　　欧米企業が及ばない自主開示を進める日本企業も ……87
　　　長期投資家も四半期決算を軽視していない ……88
　　　四半期決算を能動的に活用するケースが増える ……90
　　　日本のディスクロージャーレベルが大幅低下する懸念 ……91

第 9 章　WEB．IR 時代の情報デザイン力 ……………………………95
　　　WEB 時代の IR の課題 ……97
　　　WEB．IR の出現により何が変わったか ……97
　　　凝縮された情報提供が意味を持つ ……98
　　　原点に戻ってみよう ……99
　　　ターゲットとする投資家の種類を分ける必要はあるか ……100
　　　過去情報は何のためにあるのか ……101
　　　投資家は「経営者」のメッセージを参照して意思決定に結びつける ……102
　　　コミュニケーションの基本とプレゼンテーション ……104
　　　WEB．IR はごまかしがきかない。動画配信まで気を配れ ……105

補論／アナリストとは何か
　　　特別対談〜山本義彦 VS 北川哲雄
　　　日本の医薬品産業の課題と株式市場のあり方 ……………………109

引用および参考文献 …………………………………………………………127

第 1 章
現代社会の一翼を担う IR オフィサー

　IR オフィサーの仕事は何ですか、どんな人が従事しているのですかという質問を受けるとき、筆者はまず、NIRI の年次大会に一度でも出るとよくわかりますよ、という言い方をしている。

　その質問と同じくらい頻繁に受けるのが、IR オフィサーとして必要な資質は何ですか、というものである。これについては、一言で言えば、情報受容者（情報を受け取る側、すなわちアナリストや投資家）のニーズを適確に把握することですよ、と述べている。人と人がコミュニケートする上での基本を述べているに過ぎないが、これは普遍の真理であろう。このことを肝に銘じていれば、新任の IR オフィサーの方も気負わずに仕事をスタートさせることができよう。とは言え、実際の職務は広汎で様々な分野での高度な知識を必要とし、絶え間なく緊張を強いられる判断も行わなければならない。毎日毎日これまでの経験にない新たな試練が待っている職務だ、と述べた IR オフィサーの方もおられる。

　確かに IR オフィサーの仕事とは緻密で解のなかなか見つからない「ケーススタディ」に日々挑戦しているようなものかもしれない。しかし、だからこそプロフェッショナルとしての価値があり、尊敬に値する職務なのかもしれない。優秀な IR オフィサーとはそのような良い意味での緊張を楽しみながら鮮やかに仕事をこなす人と言えよう。

　筆者は日本の上場会社（2009 年 9 月現在、約 3900 社ある）の IR オフィサー

が一人一人このように、やりがいを見つけ職務に邁進することが資本市場全体の活性化に連なるものと確信している。資本市場の本家である米国において、IR オフィサーはアナリストおよびポートフォリオ・マネジャーと並ぶメジャープレーヤーの一角を占めている。そのことは結局、現代社会の一翼を担っていることになる。例え一人一人の IR オフィサーにそのような意識がなくとも。

NIRI の存在

　NIRI とは National Investor Relations Institute の略称であり通常「全米 IR 協会」と訳されている。米国の IR オフィサーの職能団体といってよいであろう。1971 年に設立されて、現在 1 万人以上のメンバーで構成されている[1]。

　NIRI では、年次大会は通常 6 月に開催される。常時 2000～3000 人の出席者がいるため、収容力のあるリゾート地域の大きなホテルで開催されることが多く、サンディエゴとかマイアミとかフェニックスのホテルが選ばれることが多い。

　様々なセッションがある。図表 1-1 は（ちょっと古くて恐縮であるが）2004 年の NIRI 年次大会のパンフレットの表紙である。エンロン・ワールドコムの後遺症も残るなか、元 SEC（Securities and Exchange Commission、米国証券取引委員会）委員長のアーサー・J・レビットの力強い特別講演で幕が開き、72 のセッションが 4 日間に跨って開催された。この年のテーマは「IR オフィサーは経営執行委員会における一角を占めよ～Earning a Seat at the Table」であった。もっと砕けて言えば、IR 部長が重要な経営執行メンバーの一角を占め、機能を十分に発揮せよということであった。

　筆者も NIRI の年次大会にこの 10 年くらい、都合のつく限り出席することにしている。なんと言ったらよいか、これが非常に華やいだ楽しい会なのである。アメリカ人はフランクで陽気だからであると言ったら、それだけで話は終わってしまうのだが、何かが違うのである。

　もちろん筆者は、日本の IR オフィサーの人たちが、生真面目で暗いと言っているわけではない。個々の人たちを見ればまことに気さくで楽しい人々が多

図表 1-1

（出所）2004 年 NIRI 年次大会パンフレット

い。筆者は随分と旧い世代のアナリストであるが、その当時の、今で言う IR オフィサーの何人かの方々とは今でもお付き合いが個人的にある。それは大変楽しいものであるし、素晴らしい人的ネットワークであると思う。

　NIRI の大会に出席したときの雰囲気とは、そういう次元のものとはまた異質なものである。そこでは「IR オフィサー」が一堂に集まって、自らのプロフェッショナルな集団としての力強さ、誇り、自信、仕事の楽しさといったも

のが醸しだされているのである。とは言え、年次大会のプログラム自体は大変ハードなもので IR オフィサーが直面する課題にストレートに取り組んだものとなっている。

　そういった側面と、これは筆者自身の雑駁な（人によってはフザケタと思うかもしれないが）感想であるが、この会の華やかさにも目を奪われるのである。欧米ではこれは IR オフィサーというプロフェッショナルに限ったことではないが、非常に女性の割合が多い。しかも溌剌として前向きに取り組んでいる人々が多い。ダサいダークスーツのオヤジ世代の人間としては、やはり新鮮に映るのである。わが国においても、女性の IR オフィサーが徐々に増えてきているし活躍されている方も増えてきた。これ自体は大変喜ばしいことではあるが、責任のある地位にある人の割合はまだ欧米の企業に比べてかなり少ないのではないか。

　もう 1 つ指摘しておきたいのは NIRI 自体の社会的ステータスである。NIRI 自体は冒頭述べたとおり一職能団体としてスタートしたが、現在ではアメリカ資本市場において、大げさに言えばアメリカ社会の一翼を担う「自主規制機関」として成長している。資本市場は人間が人為的に作り出したシステムである以上、折々、様々な「歪み」があり、そのつど「修正」を施さなければならないという歴史的宿命がある。市場に参加する構成者は、真剣に自らの崇高な職業倫理に照らして意見表明を行う必要がある。

　同じ資本市場における自主規制機関としては、アメリカにおいて CFAI（Chartered Financial Analyst Institute）というアナリストの機関がある。こちらはアナリストというプロフェッショナルの職能団体といってよい。

　もう 10 年ほど前になるが、1992 年から始まったニューヨーク株式市場は 1960 年代におけるゴールデン 60's 以来の上昇相場を経験し、具体的には 92 年当時 2000 ドル前後であった株価は 99 年には 1 万ドルを超えた。投資銀行や運用機関の従業員は人も羨むような年収（それ以前から彼らの給与は一般事業会社の従業員よりかなり高かったのであるが）を得るようになったわけである。そういったなかで資本市場のタガが緩んできた。

　そのころ問題となったのは、フェアー・ディスクロージャー問題である[2]。

簡単に言えば、企業の CFO や IR オフィサーが、1 株当たり利益などの重要情報を特定の一部セルサイド・アナリストなどに「選別的」に与えたということが大きな問題となった。これは 2 つの自主規制機関、すなわち CFAI と NIRI については由々しき問題であった。なぜなら彼らの本来の「行動基準」(conduct guideline) に従っていればこのようなことは起こりえないことであり、それ故、彼らの関心は深く、素早く対応して短期間のうちに SEC のルール (Regulation Fair Disclosure, 通称 REG. FED) に結実したという経緯がある[3]。

筆者はそのとき、同時進行的にこれら 2 機関の対応ぶりを観察していたが、まことに迅速かつ適確なものであったと記憶している。リーマンショック後の欧米の「金融制度改革」が、日本から見ていると目の回る速さで動きつつあるのと同じである。プロフェッショナルな職業というものは、それ故に強い自己規律を必要とするものであり、そのような意識があるからこそ、このような迅速な対応になったものと思われる。

このような意識は、アメリカ人の場合とりわけ強いものと思われ、強烈なものがある。自らが創ってきた職業であり、その威厳（dignity）を保ちたいという意識が強い。それは自然発生的なものである。自生的に作られた組織である故に、社会的な意義を失うようなことをしていては自分自身を否定することになるという意識が構成者各人にあるからであろう。

このような議論につき多くの日本人は、今更何を聖人君子みたいな青臭い論議をしているのかと思うのではないか。ここで日本人の一般の倫理観が低いからだと言うつもりはない。この遠因たるものは、自らシステムを創ったものであるか否かの違いであると思う。幸か不幸か、資本市場に絡まるプロフェッションの形成は、ほとんどアメリカにある[4]。

今日における IR オフィサーの役割〜企業と投資家の「知の架け橋」になる

さて今日 IR オフィサーが担う役割と備えるべき能力とはどのようなものであろうか。数年前、全米 IR 協会会長マーガレット E. ヴァイラス氏はこの点

につき「投資の世界の人々と社内経営者・取締役との知の架け橋」[5]になるべきと表現している。当たり前のことのようではあるが、今日この言葉の意味することはますます重要なもののように思える。同じような表現がアメリカにおいて最近のIR全般について書かれた話題の著書においてもある[6]。

「IR活動は今岐路に立っている。証券規制の変化、企業情報の内容に懐疑的な投資家・アナリストからの厳しい要求、情報メディアにおける金融情報の洗練化・高度化に伴い企業のIR活動はますますより完璧な、かつ効率的なものが求められている。そのことはIR活動自体の企業内での位置づけや役割を大きく変化させるものである」としつつ、続いて、「ブルーチップ企業のIRオフィサーは今やチーフ・ディスクロージャー・オフィサーあるいは投資コミュニティにおける企業情報の伝道者という従来の役割に甘んじてはいけない。IRオフィサーは常に透明で公正な投資家・株主とのコミュニケーションを保持しようと努めながら、投資家と自社の経営幹部との架け橋となる責務があることを強く認識しなければならない」[7]とある。

私見によれば、IRオフィサーの役割は情報通信手段の高度化によって7〜8年前に比べ大きく変質してきている。とりわけWEBサイトつまりホームページの充実による影響は大きかったと言えよう。今、IR活動で定評のある企業のホームページを開いてみよう。通常「投資家情報」と称されるコーナーをクリックすると、最新の定性・定量のIR情報、そのアーカイブ、会社によっては過去数年分の財務データ（短信）や付属資料を四半期決算レベルまで取り揃えており、決算説明会における動画配信をするところも珍しくなくなってきている。ホームページ上に必要な情報を遅滞なく揃える段階で、10年前のIRオフィサーの大半の役割は終わってしまっているのではないかとさえ見える。

今日、IRオフィサーに期待されているのは、もっと高度で知的なプロフェッショナルとしての仕事である。企業と投資家（株主）との関係は、非常に緊密かつデリケートな、しかも地理的にはグローバルなものになりつつある。日ごろ接するセルサイド・アナリストの背後にそれら投資家が控えていると見てよい。彼らの投資行動・投資哲学は様々である。

非常に理不尽な投資家がいないわけではない。しかし、特別な規制を行わな

い限り彼らも投資家の一員として扱わなければならない。

　その反面、常識を持った、理に則る投資家も多く（大半は依然そのような機関であると想定してよいと思う）、彼らとは企業は共存を図らなければならないであろう。理に則るとは、少なくともショートターミズムには毒されておらずとも、中長期的に「企業価値」の向上を図る意思を持った企業に投資する投資家であるということである。

　このことについてはいかなる日本の上場企業経営者も否定できないであろう。だとすれば、企業はプロアクティブ（能動的）にこれら投資家とのコミュニケーションを、時にはCEOと代替して図らなければならない。その架け橋となるのがIRオフィサーであるということである。その役割を果たすためにこそ、IRオフィサーは「経営幹部会」に席を占めなければならないのである。

現代社会の一翼を担うとはどういうことか

　さて本章のタイトルは、IRオフィサーが「現代社会の一翼を担う」ということを意識してつけさせていただいた。これまで述べたことがどうしてそのような大げさな表現となるのかと疑問に思う読者も多いかもしれない。しかしこのことは何ら大げさなことではない。

　我々が住む社会の「資源」（＝金融市場においては「資金」）は有効に投資効果を産む分野に配分されなければならない。その資金配分機能は専門の金融仲介者によって行われる。彼らがリターンを産む可能性のある企業に投資して、成功することは、究極的には社会的に蓄積された資金を有効に使用することになるのである。

　資金供給される企業サイドで見れば企業価値（株式価値）を上げることにより、あるいは上げる能力があると市場に認められることによって、投資家（株主）に報いることになるが、それは同時に、社会に集積された資金を効率的に使用していることになるのである。

　ここから、IRオフィサーが長期投資家とコミュニケーションを綿密に行い、対話し、投資家とCEOとの間にベクトルを合わせておくということは社会的

にも非常に重要な役割を担っていると言えるのである。

課題

（1）NIRI 内のサイト（http://www.niri.org/FunctionalMenu/About/Origins/originsch1cfm.aspx）に入り、NIRI の歴史（Origins of NIRI）および米国における IR の発展の歴史をスケッチして見てみよう。何故 IR 活動が本格化してきたのであろうか。

（2）CFAI 内のサイト（http://www.cfainstitute.org/aboutus/pdf/aimr_history.pdf）に入り、CFAI の歴史を見てみよう。IR の発展の歴史と資本市場の変容を考慮しながら観察してみよう。

（3）NIRI も CFAI も米国において自生的に組織された自主規制機関（SRO＝Self Regulatory Organization）と言われる。そこで自主規制機関とはどのような組織を意味すると思われるか。また NIRI や CFAI が過去 10 年間で果たした自主規制機関としての役割をいくつかの例を挙げて説明せよ。

（4）長期投資家と CEO のベクトルを合わせることが「IR オフィサー」の役割と筆者は述べている。このことに対しあなたの意見を述べよ。また何故そのことが「社会的に非常に重要な役割」を担うことになるのか。

（5）金融仲介者にはどのような機関（人）がいるか。この問題を考えるとき間接金融と直接金融の違いがよく指摘されるが、両者でどのような違いがあるか。さらにわが国では間接金融が資金融通の根幹であると言われるがその意味は何か。

（6）（5）の質問に関連し、わが国の「資金循環」の特徴について米国のそれとの比較において述べよ。

章末注

1）NIRI の歴史についてのラフスケッチは北川哲雄［2000］第 5 章を参照のこと。
2）フェアー・ディスクロージャー問題の経緯については北川哲雄［2003-b］

第3章を参照のこと。
3) この点の詳しい論議については北川哲雄［2004-b］を参照のこと。
4) この点についての議論は北川哲雄［2000］第2章を参照のこと。
5) National Investor Relations Institute［2004］, p.5
6) National Investor Relations Institute［2004］, p.5
7) Cole, Benjamin M.［2003］, p.128

第 2 章

IR と情報

アナリストから見た優れた IR オフィサー

　前章において偉そうなことを述べていたが、筆者は実のところ IR オフィサーとしての業務を行った経験があるわけではない。IR オフィサーにインタビューを行う立場であるアナリストとしての経験があるだけである（ただし筆者の場合、バイサイドすなわち運用機関におけるインハウスアナリストとしての活動が過半を占める）。そこで、優れた IR オフィサーとはどのような人かと問われたとき、これはアナリストとしての経験に基づいて述べていることをまず断っておきたい[1]。

　アナリストから見て優れた IR オフィサーとは、やや誤解を恐れずに言えば、「アナリストが知りたいと思う質問に対し適確に答えてくれる人」ということになる。

　それではアナリストが知りたい情報とは何であろうか。そのためにはアナリストが行っている業務について述べなければならない。この点については後の章において詳しく述べるが、簡単に言えば、業績予想を行い適確なる株価評価を行うことにある。

利益予想情報の重要性

それでは何故、業績予想を行う必要があるのであろうか。禅問答のような話であるが、具体的に説明をしてみよう。図表2-1をごらんいただきたい。誰にでもよく知られている小売業に属する、「セブン＆アイ・ホールディングス（以下セブン＆アイ）」と「ファーストリテイリング」の株価の推移を「東証株価指数（以下TOPIX）」（東京証券取引所上場企業の代表指標の1つ）および「小売セクターインデックス」（東証1部の主要小売企業を指標化したもの）という2つの指標も加え指数化したものである。

時間軸で言うと2009年の7月30日から11月2日までの約3ヶ月の推移をここでは見ている。7月30日を100として指数化するとセブン＆アイは91、ファーストリテイリングは125、TOPIXは94、小売セクターインデックスは97ということになる。

この図表から様々なことが言える。通常、株式投資を行うとき、ここでは多額の金額を運用する日本株の機関投資家ファンドマネジャーを想定すると、彼に課されるのはある基準（基標＝ベンチマーク、と通常言う）に対して「超過収益」を上げることである。

上記の例で言えば、過去3ヶ月、ファーストリテイリングを購入してそのまま保有していればTOPIXに対して33.0%（125／94）アウトパフォームしていたことになる。これに対しセブン＆アイに投資していた場合3.2%（91／94）

図表2-1　株価指数

	2009年7月30日	11月2日	対TOPIX	対セクター
TOPIX	100	94		
小売セクターインデックス	100	97		
セブン＆アイ HLDGS.	100	91	−3.2%	−6.2%
ファーストリテイリング	100	125	33.0%	28.9%

（出所）株価は日本経済新聞株価欄（終値ベースで計算）

図表 2-2　経営者（会社）業績予想の変化

経常利益（億円）	2009 年 7 月 30 日	11 月 2 日	変化率
セブン&アイ HLDGS.	2810	2480	−11.7%
ファーストリテイリング	1010＊	1150＊＊	13.0%＊＊＊

注）
- セブン&アイの場合は 2 月決算で 2009 年度（2010 年 2 月期）会社予想。
- ファーストリテイリングの場合は 8 月決算で 7 月 30 日時点の予想は 2009 年 8 月期決算予想（1010 億円＊）。8 月期実績は予想を上回り 1018 億円（10 月 8 日発表）、そして会社側による 2010 年 8 月期予想を増益の 1150 億円＊＊とした。
- ファーストリテイリングの変化率＊＊＊は新年度予想 1150 億円を前年度実績（1018 億円）と比較したもの。

（出所）両社の HP の投資家情報コーナーのアーカイブより

アンダーパフォームしていたことになる。

　時々刻々、市場が開かれているとき株価は動くので、今後どうなるかの予見はなかなか難しい。いずれにしてもここに冷厳な事実がある。同じ「小売セクター」の代表企業の中で、どの会社を投資対象に選ぶかによって大きく運用成績が異なってしまうということである。

　それでは、両社の株価は何によって動いたのであろうか。1 つの大きな要因は、経営者による「業績予想」の変化である。セブン&アイは、2009 年 2 月期の決算発表時の 2009 年 4 月に、次期経常利益について 2810 億円の予想であると発表した。この予想は 2009 年 2 月期の実績 2793 億円を僅か（0.6%）ではあるが上回る予想であり、9 月に 2480 億円の大幅下方修正を発表した。それに対しファーストリテイリングは 8 月決算であり、10 月 8 日に 2009 年 8 月期実績が発表された。実績経常利益は 1018 億円と従来の経営者予想（1010 億円）を上回っただけでなく、次期（2010 年 8 月期）予想を 1150 億円と、セブン&アイとは異なり、かなりの増益（+13.5%）予想を出してきたことが株価の推移に影響を与えていると思われる。

　ともあれ、これらの事実から株価変動の大きな理由として掲げられるのは「当該企業の企業収益」の動向についてであるということがわかる。

　雑駁に言えば、企業収益にポジティブな影響を与えると思われるニュースには株価もプラスに反応することが多い。逆も真なりである。つまり株価を予見

するということのなかで、「企業収益」の動向を正確に予想するという行為が重要であるとすると、株式投資において売買差益を獲得する有効な手段は誰よりも正確に早く「利益予想」を行うことであると言えよう。

ここまで言えば読者はおわかりであろう。アナリストにとって良きIRオフィサーとは「企業収益の動向についてのヒント」を教示してくれる人ということになる。そこで、ヒントを与えるとはどういうことか。

企業は決算発表を行う際、実は企業収益の動向についてアナリスト（もちろん一般にも向けても）に公表している。通常「会社予想」あるいは「経営者予想」と呼ばれるものである。アナリストはIRオフィサーから「会社予想」の根拠を聞き、独自の予想を立て、その上で、顧客である投資家に向けて投資意見を表明することになる。

図表 2-3　アナリストの投資格付け

セブン&アイ HLDGS.		7月30日	11月2日
	平均値の換算表	アナリスト数	
強気	1.0	4	2
やや強気	2.0	8	3
中立	3.0	3	9
やや弱気	4.0	1	1
弱気	5.0	0	0
レーティングの平均値		2.06	2.60

ファーストリテイリング		7月30日	11月2日
	平均値の換算表	アナリスト数	
強気	1.0	4	4
やや強気	2.0	3	6
中立	3.0	10	5
やや弱気	4.0	1	2
弱気	5.0	0	0
レーティングの平均値		2.44	2.29

出所）msn. ファイナンシャル・サイトより。より詳しくはセブン&アイの場合 http://jp.moneycentral.msn.com/investor/invsub/analyst/recomnd.asp?symbol=JP%3a3382 において毎日更新されている。

さてここでアナリストの意見表明を集約したもの（図表 2-3）を読者に示したいと思う。3 ヶ月前（2009 年 7 月 30 日）におけるセブン＆アイのアナリストの投資評価の平均値は 2.06（1 が最高で 5 が最低ランク）であるのに、ファーストリテイリングは 2.44 であった。すなわち、セブン＆アイの場合アナリストの過半は「強気」か「やや強気」がその時点で 8 割を占めていた（ファーストリテイリングは 40％以下）。しかるに 3 ヵ月後の株価の推移は上記の通りである。非常に皮肉な結果となった。

3 ヶ月前に、セブン＆アイについてアナリストがもし経営者予想の推移を「予想」できたならば、前もって正しい「投資評価」ができていたかもしれない。事実、少数ではあるが、3 ヶ月前に現在の経営者予想に近似の業績予想を独自に行い、セブン＆アイよりもファーストリテイリングを強く「買い」推奨していたアナリストは存在していた。そのアナリストの推奨に従って投資行動を起こした投資家は、これまでのところ（7 月 30 日にファーストリテイリング株を購入したとしていれば）非常に満足のできる成果を収めたというべきかもしれない。

このような株式投資における「利益」の推移を重視するという姿勢は長期間の投資にも当てはまる。

図表 2-4 は俗に失われた 15 年とも言われる、日本経済および日本の株式市場の低迷期である（2008 年からまた低迷期は始まったという説があるもそれはさておき）1989 年から 2004 年までの超長期の株式市場の動向を見ると、TOPIX は 60％の下落を記録した。TOPIX を構成する企業の経常利益の水準も 32％下落した。しかし、図表にあるセクターは逆行し、むしろプラスとなっ

図表 2-4　失われた 15 年の株価指数

	2004 年 12 月株価／1989 年 12 月株価		利益水準（経常利益）
TOPIX	−60.1％	対 TOPIX	（04 年度／89 年度）
精密機器セクター	9.9％	70.0％	285％
医薬品セクター	7.5％	67.6％	316％
自動車セクター	1.5％	61.6％	177％

ている。精密機器・医薬品・自動車この3つのセクターに共通するのは、グローバルで存在感を増した企業が複数あり、それらの企業が利益水準を大きく引き上げたということである。

　これらから言える事は、やはり先見性を持ち、産業および企業の分析を真摯に行うのがアナリストの役割と言えよう。短期間においても長期間においても透徹した目で企業業績の推移を適確に判断するというのがアナリストの役割であり、IRオフィサーはその点を十分に心得た上で日々活動しなければならないということであろう。

情報の効率性と情報開示の公平性のもたらすもの

　冒頭、アナリストにとって優れたIRオフィサーは「業績予想」を適確に教示してくれる人であると言ったが、これは矛盾した問題を含んでいると言ってよいであろう。アナリストにとって自分個人にだけ話してくれることは有難いことであるが、市場に対して同時に示した場合、そのアナリストにとっては「同時」に他のアナリストや顧客である投資家にも既知の情報になってしまうわけであり、いわゆる情報開示の平等性のパラドックスが起きてしまうと言えなくもないのである。

　情報が市場関係者にいち早く効率的に流れることを惜しまないこと、それを公平に行うことはもちろん資本市場においても重要なことであるが、このことが促進されることによりアナリストの業績予想が似たようなものになり、投資家も他者と比較し、市場を超える優れた運用成績を得ることが難しくなるのではという問題が種々の文献で指摘されるようになってきている[2]。

　筆者の私見で言うと、短期的な業績推移について、極めてマージナルな、即ち、数％レベルのコンセンサスあるいは経営者予想との乖離（数％の乖離でも短期的な株価のボラティリティが起こる可能性はある）につき投資家が大きな関心を持つことがあり、その予想の正確性に命を賭けるというアナリストがいないわけではない。それはアナリストの本分の仕事とはまるで遠いものである。フェアー・ディスクロージャー精神が行き届いたオーソドックスなIR活動を

している企業から、早耳情報が特定のアナリストに行きわたることなど想定しにくい時代現象と言えよう。

　一方、アナリストに対して2年、3年さらに5年間にわたる業績予想に対する見解を聞きたいとする機関投資家の欲求は徐々に高まりつつあるし、いわゆる予想期間（Time Horizon）が長くなれば、アナリストにより異なる見解を披瀝する絶好のチャンスにもなる。この点については、気前良くコミッションを落としてくれる顧客（短期志向の一部ヘッジファンド）の要望に応えることが必要なので、とても無理だという声も聞こえてきそうである。

　そのような人は、自らをアナリストと呼ばず「情報屋」と名刺の肩書きを書き換えて欲しいものである

課　題

（1）株価変動要因として「利益」（業績）に関する情報以外にあるとすれば何が考えられるか。

（2）企業による業績予想はどの期間を開示しているか。また、一度立てた予想はいかなる場合に変更されその修正値が公開されるかを、ある企業を例にとって調べよ。

（3）企業の経営者の中には、「業績予想」を開示することは必要ない、それはアナリストの仕事であると主張する人がいる。あなたはその考えをどう思うか。

（4）株価水準を判断する上で将来利益が重要なのは言うまでもないとして、どのくらいの期間の利益を織り込むと考えられるか。

（5）情報の効率性と情報開示の公平性が進むことによりアナリストの存在価値は薄れてきたという主張もある。なかにはアナリスト不要論を唱える人もいる。このような時代環境にあってアナリストの存在価値は何であるとあなたは考えるか。

章末注

1）IR オフィサー経験者の書かれた優れた IR オフィサー論については本多淳［2005］を参照のこと。
2）北川哲雄［2010］を参照のこと。

第3章
IR活動の評価

　IRオフィサーの評価はどのように行われているかあるいは行われるべきか。実はこれはわかったようでわからないことである。IRオフィサーに対する社内の人事評価がどのように行われているかという実態は、筆者の知る限り米国でも明らかになっていない。しかし、わが国でもIRオフィサーがライバル会社、あるいは異業種の企業に、同じIRオフィサーとして移り変わることが珍しくなくなってきた。

　かねてから筆者が主張していることであるが、企業間で横歩きできるようになって初めてプロフェッショナルな職業として認知されるということである。よく転職という言葉があるが、IRオフィサーがA社からB社に同じ職種で動く場合は「転職」という言葉を使用するのはおかしい。「職」は変わっていないからだ。正確には「転社」と呼ぶべきであろう。

　資本市場において専門性を要求される職種はほとんどそのような状況になってきた。アナリストやポートフォリオ・マネジャーはもちろん、金融機関における経験豊富なコンプライアンスオフィサーやトレーダーも優秀な人であれば引く手数多である。となるとIRオフィサーとして自分が新たに会社でアサインメントされた場合に、プロフェッショナルを目指し、より評価してくれる企業への転社も考えるという行動様式が選択されることがあり得よう。

　もしIRオフィサーの仕事に生きがいを感じ、極めたいとしたら、IR活動の遡及先であるアナリストや投資家からの高い評価を得ることが必要である。

しかし、そうしようとすることと社内評価の高低とは時に離反することもあり得る。ここのところの言い回しは難しいところであるが、本来、IR オフィサーの活動に対する外部からの評価と、社内で上司や同僚が下す評価は変わらないであろうし、そうあるべきというのが筆者の主張であるが往々にしてそうならないことも多い。

アメリカにおけるアナリストによる評価

それはともかく、企業の IR 活動全般の外部評価はどのように行われているのか。米国に目を転じた場合、米国のアナリスト協会（現在の CFAI）が 1964 年から 1994 年まで約 30 年にわたって行っていたアナリストによる評価が有名である[1]。1963 年にアナリスト資格制度（Chartered Financial Analyst）がスタートしたがその直後のことである。

このようなアナリスト側から企業の情報開示の質の向上を促す嚆矢となったのは、アナリスト協会が全米連合的な組織になった 1962 年の翌年に発刊した書物 Corporate Reporting for the Professional Investor-What the Financial Analyst Wants to Know[2]である。

ここでアナリストは、当時の IR ツールの一つであったアニュアルレポートを主に俎上に載せて、アナリスト（ポートフォリオ・マネジャー）にとって必要な財務情報とは何かを示しており、図表 3-1 はその表紙である。この本の詳細については 6 章以下で紹介する。

この当時米国においては第二次大戦後の繁栄を基に企業年金の普及が見られたが、その年金運用を請け負う銀行信託部などの運用資金が膨らみ、いわゆる機関投資家現象が見られるようになった。プロフェッショナルなポートフォリオ・マネジャーが必要とされ始めた時代である。同時に、彼等に投資アイデアを提供するセルサイド（証券会社）のアナリストの存在も重要なものとなってきた。このような状況下にあって、投資分析を真摯に行うために必然的に要求されたのが企業側に対する適切な情報開示であった。

もちろんその当時、SEC が求めるところの年次の財務報告（10-K）制度は

図表 3-1

```
corporate reporting
for the professional investor


        What the
        Financial Analyst
        Wants to Know



        by
        DR. CORLISS D. ANDERSON
        Chairman, Finance Department
        Graduate School of Business Administration,
        Northwestern University

Sponsored by  THE CORPORATE INFORMATION COMMITTEE OF
              THE FINANCIAL ANALYSTS FEDERATION
              1962
```

既にあったし、多くの上場企業は投資家・株主向けにアニュアルレポート（年次報告書）を作成していた。しかし、アナリストあるいは機関投資家の眼から見ての情報開示レベルは満足すべき状況ではなかった。公開される情報項目が各社バラバラであり、業種間比較が行いにくいという不満も相次いで起こったという事情もあった。

　このあたりは企業サイドの開示姿勢に問題があったというよりもSECが求めている開示すべき内容が時代の変化について行けなかったという側面もある。

図表 3-2 「食品、飲料、タバコ」セクターの大手アメリカ企業 30 社についての評価例

Rank	Company	No. of Responses	Average Score	Annual Reports Score	Rank	Interim Reports Score	Rank	Investor Relations Score	Rank	Meeting & Other Score	Rank
1	PepsiCo	17	91	92	1	92	1	84	2	92	1
2	SaraLee	14	89	86	2[a]	85	3	88	1	89	2
3	Coca-Cola	15	85	86	2[a]	86	2	81	3	81	8[a]
4	General Mills	19	84	82	4	79	6	75	5	86	4[a]
5	Hershey Foods	16	84	77	6	74	10	72	8	87	3
6	Quaker Oats	17	83	83	3	80	5	71	9	80	9
7[a]	Philip Morris	15	82	75	7	76	8	62	13	86	4[a]
7[a]	RJR Nabisco	13	82	67	14[a]	71	11	71	9	84	5[a]
9[a]	Campbell Soup	14	81	69	12	70	12	73	7	82	7
9[a]	Sysco	10	81	74	8	77	7	76	4	78	10[a]
9[a]	McDonald's	6	81	80	5	75	9	59	15	81	8[a]
9[a]	CPC International	17	81	70	11[a]	81	4	69	10	78	10[a]
13[a]	ConAgra	9	80	67	14[a]	67	14[a]	74	6	78	10[a]
13[a]	UST	15	80	73	9[a]	68	13[a]	60	14[a]	83	6
15	Universal	6	79	73	9[a]	60	17[a]	60	14[a]	84	5[a]
16[a]	Anheuser-Busch	13	77	72	10	68	13[a]	63	12	70	14
16[a]	American Brands	10	77	70	11[a]	68	13[a]	54	16	76	11
16[a]	Gerber Products	12	77	66	15	67	14[a]	67	11	67	16
19	Tyson Foods	4	74	67	14[a]	64	15[a]	44	20[a]	72	12
20[a]	Coca-Cola Enterprises	9	73	65	16	60	17[a]	44	20[a]	71	13
20[a]	Grand Metropolitan PLC	6	73	58	18	61	16	54	16	69	15
22	Kellogg	15	72	62	17[a]	59	18	60	14[a]	59	18
23[a]	H. J. Heinz	16	71	51	22[a]	64	15[a]	51	17	64	17
23[a]	Brown-Forman	6	71	68	13	68	13[a]	49	18[a]	53	20
25	Seagram	6	66	52	21	53	20	37	21[a]	58	19
26	Dole Food	3	61	56	19	54	19	49	18[a]	27	24[a]
27	Ralston Purina	14	60	51	22[a]	49	21	21	23[a]	51	21
28	Adolph Coors	5	59	55	20	44	22	21	23[a]	50	22
29	Borden	9	54	38	23	33	23	46	19	32	23
30	Archer-Daniels-Midland	5	44	32	24	22	24	24	22	27	24[a]

出所）AIMR, Corporate Information Committee Report 1992-1993, pp.12-13

というのはこの書物が出た頃は、米国において地域および業種分野の多角化が一気に進んでいたという事情もあり、セグメント情報の開示が声高に叫ばれたときでもある。しかしながら、セグメント情報の開示が強制されるのは1970

年代に入ってからである。

　この書物が発行された翌年から1990年代までの長い間、アナリストサイドからのIR評価が毎年なされることになった。とは言え、当初評価の俎上に載ったのはアニュアルレポートである。アニュアルレポートはSECの求める10-Kと異なり、各社の創意工夫がほどこされている側面もあり、この中でアナリストにとって優れた情報開示を行っている企業を中心に評価するという時代が比較的長く続いた。そして時を経て1980年代の半ば以降は、アニュアルレポートのみならずIR活動自体の評価が加えられるようになった。

　図表3-2は1992-93年における「食品、飲料、タバコ」セクターの例である。この表から窺える特色は、対象となっている企業の評価が数字で「全数公開」されている点である。同一業種内の主要企業における、広い意味でのIR活動についてのスコアリングが全て公開されている。評価項目は、「アニュアルレポート」「中間報告書（臨時報告書も含む）」「IR」「ミーティングその他」に大別されている。ここでわかるとおり、いわゆる古くからのアニュアルレポートに見られる開示資料（パブリケーション）についての評価は全体の半分になり、残りの半分は日常的なIR活動自体への評価となった。4つの項目それぞ

図表3-3　わが国におけるアナリストサイドからのIR活動の評価ポイント（1）
　　　　　評価基準（スコアシート）の構成および配点

評価分野	下記本文中の略称	評価項目数	配点
①経営陣のIR姿勢、IR部門の機能、IRの基本スタンス	経営陣のIR姿勢等	6	38
②説明会、インタビュー、説明資料等における開示	説明会等	10	30
③フェアー・ディスクロージャー	フェアー・ディスクロージャー	5	12
④コーポレート・ガバナンスに関連する情報の開示	コーポレート・ガバナンス関連	2	10
⑤各業種の状況に即した自主的な情報開示	自主的情報開示	3	10
計		26	100

出所）証券アナリストによるディスクロージャー優良企業選定（平成21年度）、20ページ
注）本採点基準は「食品」セクターについてのものである。

図表 3-4　平成 21 年度　ディスクロージャー

順位	評価対象企業	総合評価(100点)	1．経営陣の IR 姿勢、IR 部門の機能、IR の基本スタンス 評価項目6（配点38点）		2．説明会、インタビュー、説明資料等における開示 評価項目10（配点30点）	
			評価点	順位	評価点	順位
1	アサヒビール	83.1	31.8	1	25.5	1
2	キリンホールディングス	79.2	29.8	2	22.7	2
3	日本たばこ産業	68.8	24.8	14	22.5	3
4	伊藤園	67.6	27.5	6	18.8	10
4	キューピー	67.6	24.9	13	19.9	5
6	日本ハム	66.6	28.4	3	16.6	15
7	ニチレイ	65.7	27.8	4	19.0	6
8	ヤクルト本社	64.7	25.8	9	18.6	11
9	コカ・コーラウエスト	64.2	25.6	12	18.9	9
10	ハウス食品	63.9	26.4	7	19.0	6
11	キッコーマン	62.4	23.2	17	20.6	4
12	日清製粉グループ本社	61.6	27.8	4	13.3	19
13	宝ホールディングス	59.7	25.7	10	17.2	14
13	日清食品ホールディングス	59.7	25.7	10	18.5	12
15	味の素	57.8	21.7	19	17.4	13
16	カゴメ	56.8	21.8	18	19.0	6
17	山崎製パン	56.3	24.7	15	15.6	16
18	日本水産	55.9	26.4	7	13.1	20
19	東洋水産	53.6	24.2	16	15.0	17
20	明治ホールディングス	50.5	20.6	20	14.1	18
	評価対象企業評価平均点	63.3	25.7		18.3	

（注）評価対象企業各社の総合評価点の標準偏差は、本年度は 7.9 点、昨年度は 7.6 点
出所）証券アナリストによるディスクロージャー優良企業選定（平成 21 年度）、24 ページ
注）本採点基準は「食品」セクターについてのものである。

れを 100 点満点で評価し、その平均を求めてランキングしている。今から考えると牧歌的なものであるが、その当時では IR やディスクロージャーの評価とはそのようなものだったのであろう。いわば WEB 革命前夜の話である。

　総合平均 100 点満点で最高点は 91 点の PepsiCo であり、最低点は 44 点である。この表を眺めていて興味深いのは開示資料の評価と日常における IR 活

評価比較総括表（食品）

(単位：点)

3. フェアー・ディスクロージャー		4. コーポレート・ガバナンスに関連する情報の開示		5. 各業種の状況に即した自主的な情報開示		昨年度順位
評価項目5（配点12点）		評価項目2（配点10点）		評価項目3（配点10点）		
評価点	順位	評価点	順位	評価点	順位	
11.5	1	7.8	2	6.5	3	1
11.1	4	7.9	1	7.7	1	2
10.2	9	6.6	3	4.7	8	14
9.2	11	6.6	3	5.5	5	8
11.4	2	4.9	11	6.5	3	4
9.1	13	5.3	7	7.2	2	7
9.2	11	5.9	6	3.8	10	3
10.7	6	4.4	16	5.2	6	4
11.4	2	5.1	9	3.2	14	6
11.1	4	4.9	11	2.5	18	17
10.4	8	5.0	10	3.2	14	12
8.9	14	6.6	3	5.0	7	10
8.8	15	5.2	8	2.8	17	14
7.2	19	4.9	11	3.4	11	20
10.7	6	4.7	14	3.3	12	13
10.2	9	4.0	19	1.8	20	11
8.8	15	4.1	18	3.1	16	16
8.6	17	4.5	15	3.3	12	9
8.0	18	4.0	19	2.4	19	19
7.2	19	4.3	17	4.3	9	18
9.7		5.3		4.3		

であった。

動自体の評価とがほぼ相関関係を持っているということである。1位のPepsiCoと2位のSaraLeeの評価を項目別に見ると、すべての項目にわたり非常に高いことがわかる。逆に総合評価が最下位に近い企業の場合、すべての項目について低空飛行（非常に悲惨な評価）であったことがわかる。最下位に近い企業のIRオフィサーは冷や汗ものであったろう。

普通、このような評価を行う場合、「優秀賞」のみを発表することが多い。現在わが国で行われているIR評価の中には予め評価されるか否かを評価対象となる会社に打診し、その中で優秀な企業のみを発表する方式をとることが多い。これに対し米国で一時期あったアナリスト側の評価にある考え方（大げさに言えば「思想」）は、フェアーに評価しているということの自信と、それを公表することの社会的意義を見出していることが窺える。低評価を受けた企業がその後どうなったかについては定かではないが、様々な波紋を投げかけたことは間違いない。

　これに対し、アナリストに対する評価はどうなんだ、という声がIRオフィサー側から聞こえそうである。相互に評価をすべきだという声もないわけではないが、実際には機関投資家側が厳しく行っている[3]。アナリストの役割は企業からの情報を基に投資情報を顧客である機関投資家に対し発するわけであるから、情報の受容者である機関投資家側（ポートフォリオ・マネジャーおよびバイサイド・アナリスト）から評価を受けることがより相応しいということになる。そして機関投資家自体は運用委託者（年金基金・個人と多様）から日々、運用成績の成果について報告を受けるという形で評価を受けることになる。

　さて、上記で見た米国の場合、アナリスト協会側（現在のCFAI）による評価は1994年まで行われていたが現在は途切れた状態になっている。なぜ途切れることになってしまったかの理由は詳らかではない。評価する他の媒体の発展により自然消滅したものなのか、何か協会内で議論があってそうなったのかは筆者も何度か質問をキーパーソンにしたことがあったが不明である。

日本におけるアナリストによる評価

　皮肉なことに、米国でのアナリストによる評価が途切れた翌年1995年より始まったわが国のアナリスト（正確には「社団法人日本証券アナリスト協会ディスクロージャー研究部会」）によるIR評価は年々充実し、2009年までに15年連続行われている。そしてその内容は、非常に詳細に様々な角度からなされている。

図表 3-3 は、2009 年度における「食品」セクターの主な評価項目とその配点である。①経営陣の IR 姿勢、IR 部門の機能等、評価対象企業の IR の基本体制を問うものが配点で 38％を占めている。次いで配点が多いのは②の 30 点で、説明会、インタビュー、説明資料の開示となっている。①は「質的」「理念」な側面を重視しているのに対し、②は「開示項目」そのものの問題になっている。③はフェアー・ディスクロージャーの問題を取り扱い、12 点の配点を割いている。④は「コーポレート・ガバナンスに関連する情報の開示」、⑤は「各業種の状況に即した自主的な情報開示」でありそれぞれ 10 点で合計 100 点満点としている。

　アニュアルレポートの評価が中心であった 1980 年代までの米国と異なり、現在、企業の IR 活動やディスクロージャー活動を評価する上で必要なものは織り込まれていると言ってよいであろう。図表 3-4 は、アナリストによるアンケート結果をランキングし公開したものである。1 位企業（83.1 点）と最下位企業（20 位；50.5 点）とでは 30 点以上の開きがある。

　日本証券アナリスト協会による評価は当然アナリストサイドからのものであるが、わが国ではその他に、日本 IR 協議会、東京証券取引所、民間の IR サービス企業が様々な角度から評価を行った上で、優秀企業を毎年表彰している。それぞれ評価目的があり、結果として各社の IR 活動に励みを与えるものとなっている。ただし、唯一残念なことは、海外の場合 IR オフィサーそのものを表彰する制度があるのに対し、わが国ではない点である。

課　題

（1）図表 3-3 において「フェアー・ディスクロージャー」の評価が何故、アナリストの眼から見て重要なものなのかを検討し述べよ。

（2）図表 3-4 において「コーポレート・ガバナンスに関連する情報の開示」が評価項目の 1 つとなっているが、実際の「証券アナリストによるディスクロージャー優良企業選定」のレポート内容を分析して、いかなる点を具体的に評価しているかを述べよ。

（3）図表3-3と3-4においてIR活動を評価するのはアナリストであるが、アナリスト自身は現実にいかなる機関が主体となってどのように評価を行っているか。米国と日本のケースについて考えてみよう。

（4）「証券アナリストによるディスクロージャー優良企業選定」（最新年度版）におけるあるセクターの上位企業と下位企業をピックアップし、何故、このような差異がついているのかを分析してみよう。

章末注

1）1995年以降、アナリスト協会側の評価は使われていない。代わって、IR MAGAZINE社等のメディアによる評価が米国では盛んになっている。
2）AMA［1963］
3）北川哲雄［2000］第4章

第4章

NIRI 基準の意味するもの（その1）

　これまで色々な箇所で、米国では IR オフィサーの職能団体として NIRI があることを述べてきた。職能団体というと同じ職種に属する人々の懇親会的な組織であることを思い浮かべる人も日本では多いと思われる。1971 年に正式に発足した当時の NIRI にもその色彩が濃かったと言えよう。

自主規制機関としての NIRI

　しかし、種々の文献を読んでみると NIRI 構成員の意識が高まるにつれて自主規制機関としての役割を 1980 年代中頃から意識するようになってきたことがわかる。それを推し進めたのは、1 つには 25 年間（1982～2006 年）もの長きにわたって NIRI の会長を務めた A・J・トンプソン[1]の個人的な尽力も大きかったことも推察される。筆者は 1、2 度 NIRI の年次大会でお目にかかり、短い時間にインタビューをした限りではあったが、ミスター IR とも言うべき人で、まことに IR の質の向上に熱意を燃やし続けた人という印象をもった。
　さて、日本人に馴染みのない自主規制機関とは何か。アメリカでは SRO（＝Self-Regulatory Organization）と呼ばれている。法律上何らかの規制対象となったり、あるいは特別な法的権限を持つ機関ではないが、NIRI の場合、より具体的には情報開示活動において、IR オフィサーの活動原則を打ち立て、市場に対し明示するような行為を行う機関を指すと言ってよいであろう。

例えば、インサイダー情報の開示というのは強行法規としての SEC ルールに盛られているものであるが、実際の運営は微妙な点も多く、なかなか難しい点がある。このようなとき、IR オフィサーの立場としてのインサイダー規制の精神に則った日常の情報開示活動がどうあるべきかについて NIRI 自身がガイドラインを設定している。

　もちろんこの NIRI のガイドラインは公表され、SEC のみならず関係する機関（他の自主規制機関も含む）に意見が求められ、一定の合意の上、広い意味での社会的な規範を形作っているものである。アナリストの立場からは、これも既に紹介したとおり、CFAI という自主規制機関がやはり活発かつ優れた自主規制活動を行っている。

NIRI 基準の概要

　NIRI は 1996 年以来、自主規制機関としての活動および IR オフィサーの日常活動の道標として NIRI 基準（正確には、「IR 実務基準」Standards of Practice for Investor Relation）を公表している[2]。1985 年以来何回か改訂を重ねて今日に至っているが、現在の基準の基礎となるものは 2004 年版である。米国の IR オフィサーが日頃 IR 活動を行う際に基本的規範となるべき事項が多く盛られている。以下 2004 年版に沿って説明してゆくことにしよう。

　NIRI 基準の構成は以下のようになっている。

序文
1章　IR オフィサーの責務
2章　情報開示の基本
3章　IR カウンセラーの役割
4章　情報開示基準とガイダンス
5章　企業側とアナリスト・投資家との関係における留意点
付属事項[3]

第4章　NIRI基準の意味するもの（その1）

　上記の目次でも推察されるようにNIRI基準（以下「基準」）の内容には、IRオフィサーが業務を遂行する上での基本となる事項（主に1章）について述べているところと、微妙な問題についての自主規制について触れた部分（2、4、5章）、IR関連サービス業務に触れた部分（3章）についてと、三分できるのではないか。

　各章に入る前にまず、序文（Preface）に着目してみよう。ここではIRの定義について、冒頭に書かれている。

　「IRとは企業とファイナンシャル・コミュニティおよび関連するあらゆる機関・人々との双方向のコミュニケーションを最も効果的に行うための戦略的で必要不可欠な経営課題である。またIRは企業の財務活動、情報伝達活動、マーケティング活動、コンプライアンス活動それぞれに密接に関連したものであり、これが円滑に行われることにより、自社の証券価格が公正に形成されることに究極的に寄与することになる。」[4]

　この定義から浮かび上がってくることは何か。第1点は、IRオフィサーの立場になって考えてみると、非常に広汎な知識と多岐にわたる人々とのコミュニケーション能力が必要であるということを示している。IRの情報遡及先は社外のアナリストや投資家であるが、一方で情報を作成する際には経営者・幹部社員を始め関係各社員と論議を重ねなければならない。筆者は既に述べたとおり、このような多面的活動を称してIRオフィサーとは「知の総合格闘技」の選手の如くである、としている。

　第2点は、IRの目的について「証券価格が公正に形成される」ためである、と規定したことである。このことは一見、極めて不合理なあるいは不条理な規定のように思える。企業にとって重要なことは、「企業自身が理想とする株価」に到達あるいは維持（到達している場合）していることであって、単に「公正に形成される」という見方には異論の向きもあろう。

　15年ほど前になるが、転勤で地方支店の営業部長からIR部長として赴任した人が、上司から、株価を上げることがあなたの業績評価のポイントだ、と言われたそうである。その言を真に受けてしゃにむに頑張ったが、株価に好影響を与えるような情報リリースをすればするほど株価は下落してしまった。もう

IR部長などやりたくないと、うんざりして筆者に話す人もいた。

　ここにIRオフィサーという仕事の難しさがあると言ってよいであろう。筆者自身は、この点について彼に以下のように説明した。

　——株価が上がることは良いことである。IR担当者として、そうありたいと願うのは自然な発想である。しかし、株価を決めるのは投資家であって、経営者でも貴方でもない。投資家が自らのリスクで意思決定して購入するものである。であるから、IR担当者は、投資家に対し、意思決定の基礎となる情報を継続的に提供し続けなければならない。この場合、投資家は株式の価値を、当該企業の将来の収益性を基に他企業の動向と比較しながら決めることになる。一方で、彼等は企業価値評価のプロであり彼等の分析のヒントとなる情報を適確に行うことが肝要であり、粗略な情報開示を行っていると投資対象として見放されることさえあり得る。であるからまず、IRオフィサーのなすべきことは意思決定に役立つ情報開示とは何かを見極め、提示することにある。その上で彼等とのコミュニケーションを通じて、会社がどのような状況になったときに積極的に投資してくれるのかを理解することにある——と。

　それが理解できれば、今度は、企業側が投資家によって株式を保有してもらうために企業自身がいかなる経営理念・経営目標を掲げれば良いのかを探究することになる。そのための課題は、投資家からIRオフィサーを介して経営者に届く必要がある。いかがであろうか。綺麗ごとを言うなという声が聞こえてきそうである。しかし、筆者の経験からして、この考え方は間違っていないと思う。このあたりのことを基準はどう説明しているのであろうか。

IRオフィサーの責務（1）～経営委員会のメンバーになれ

　第1章の「IRオフィサーの責務」における冒頭の小見出しは（IRオフィサー自身が）「企業戦略を形成する上で欠くことのできない参加者であるべき」としている。IRオフィサーの日常業務からはやや唐突な記述に思える。

　続いての文章では「IRオフィサーが効果的に活動を行うためには、企業戦略そのものを深く知っておく必要があり、そのためには常にマネジメント層

アクセスし、出来得ることなら、経営幹部会議の一角を占めることが望ましい」[5]となっている。

　聞きようによっては、IR部長を執行役員に据えろと虫の良いことを言っているに過ぎないという向きもあろう。もちろんここで言っていることはそのような浅薄なものではない。

　IRオフィサーが企業戦略に絡まる重要事項を知っているとすると、彼らが接触する投資家・アナリストにべらべらと喋る恐れさえあるのでは、という声が社内から聞こえてきそうである。しかし、これは逆である。IRオフィサーがそれらの事項を良く理解しているからこそ、投資家・アナリストと対峙する時、微妙なニュアンスの事項を、どこまで、どのようなタイミングでリリースすべきかを適確に判断し、滞りなく伝えることができるのである。だからこそ経営幹部会議の一角を占める方が情報効率性の観点からも望ましいのである。

　わが国企業においても、IR部が社長室直属になっており、部長が経営会議のメンバーであるというところも出てきたが、こういった観点を考慮したものであろう。その上で、企業としての「開示方針」(company's disclosure policy)（後述）を定めておけばさらに良いということになる。

　基準はSECに告発された有名なケースを紹介している。IRオフィサーが、重要な情報を知らない善意の第三者であったとしても、それ故に、ある事項について投資家・アナリストにミスリーディングな情報を伝達してしまうことに対して、弁解の余地がないとする判例を出した。すなわち、企業組織上どうあれ、IRオフィサーは会社を代表して情報を市場関係者に伝達しているわけであり、齟齬があってはいけないということになる。

　もっと具体的に言えば、IRオフィサーが明確にM&Aについての噂を否定している一方で、同じ企業の上席の役員がM&Aの可能性について異なるコメントを特定の投資家・アナリストの前で言及している場合、市場における情報は混乱して流れることになる。この場合、組織的にIRオフィサーがしかるべきポジションにいれば問題はないことになる。

　これとは少し異なる観点であるが、このような情報の混乱や、うっかり非開示情報を個別ミーティング等で漏らしてしまった場合、早急（24時間以内）

に公知すべきであるという点も基準に盛られている[6]。

IR オフィサーの責務（2）〜Selective か Differential か

「IR オフィサーの責務」の中で強調している第2点は、「情報開示の公平性」についてである。この場合の公平性とは情報を伝達する投資家に対してである。このこと自体は当たり前のことであるが、何のためにかという件で、"for assurance a level playing field for investors" という表現を使っている。「市場」を競技場と置き、投資家を競技選手に例えれば、「市場において参加者が公平な競争を行える」ようにするというのが IR オフィサーの責務ということになる[7]。

しかし、ここで同じパラグラフの中で、differential disclosure という概念のもとでは、特定のアナリストなり機関投資家のポートフォリオ・マネジャーが、当該企業の業績結果および業績見込みについて、個人投資家あるいはジャーナリストを含む一般の人々に提供される以上の詳細な情報を獲得（認識）する可能性があることを示唆している。ただし、その情報が重要性の概念に該当するものでない非公表情報であり、もし情報を獲得（認識）していない他の投資家等が開示を望んだ場合には躊躇せず情報提供しなければならない、と基準は述べている。

differential disclosure と似た言葉に selective information がある。結論から言えば、条件付であるが differential disclosure は OK であり、selective information は絶対×である。differential disclosure はその情報を受け取っていない他の投資家等が開示を望んだ時に提供しない場合は、selective information となるという但し書きがある。

様々な経緯があって、2000年に施行された SEC における Regulation Fair Disclosure 規定は selective information を与えることを禁じている。

selective information とは、元来は企業の CEO、CFO および IR オフィサーなどが特定のアナリストあるいはポートフォリオ・マネジャーに投資意思決定のための重要情報を選別して、すなわち selective に伝えることを指す。1990

年代には目に余る状況であったため、強行法規として取り締まるようになったという経緯がある。例えば、未開示の業績についていち早く情報を得ることができれば短期に投資リターンを得ることは可能であるので、そのようなことが横行することは絶対避けなければならない。このことは極めてわかり易い例である。

　これに対し、differential disclosure というのはわかりにくい概念である。このわかりにくさを解きほぐすには、50 年近くも前に GE（General Electric）の IR オフィサーが述べていた言葉を思い出す必要があろう。

　「GE においては、アナリストが誰であっても同じ質問には同じように答えるというルールがある。しかし、同時に、あるアナリストが一般の他のアナリスト以上に企業の内容を深く理解できる場合もある。なぜなら、そのアナリストが我々をよく研究し、そのことによって他の平凡なアナリストが質問できないような、洗練されたかつ突っ込んだ質問をしたとき、それが我々のガイドラインからみて話せる範囲内であれば、彼あるいは彼女にそれなりの回答を用意することがあるからである。」[8]

　上場企業は今日、様々な機会に企業の情報を開示している。情報開示というとき、強制開示か自主的開示かという開示の性格に即した分類の仕方がある。一方、コミュニケーションの対象となる層の広狭によって、大勢の投資家・アナリスト相手に行う説明会（information meeting）開催方式もあるし、特定のアナリストあるいはポートフォリオ・マネジャーとの個別ミーティング（one on one meeting）もある。その中間的なものとして、small と称する 5 人から数 10 人規模で行う説明会もある。例えば有力な証券会社（セルサイド・アナリスト）が主催し、彼等の重要顧客を招いて行う説明会のことである。さらに他の章で見る個人投資家も含んだ「WEB サイト情報」というのもある意味対象に入る。大勢相手に行う説明会についてタイムラグを置いて動画配信で内容を確認できる場合もあるからである。いずれも相互のコミュニケーションを行える状態にある（WEB サイトの場合も今日多くの企業は相互コミュニケーションが可能である）。

　GE の IR オフィサーが上記で述べているケースは one on one meeting を意

識したものであろう。ここで相手がベテランのセルサイド・アナリストと想定してみよう。彼あるいは彼女は当然、大勢を対象とした一般の説明会で開示された内容を理解している。10～15年もの長きにわたって担当しているとすれば、過去の業容についての理解は相当に深い。一般の説明会で開示された内容についてはもちろん所与（given）なものとして理解しており、その上で彼（あるいは彼女）のみが出来得る鋭い質問をすることは大いにあり得るであろう。

　この場合、企業が予め定めた範囲内で「応分」にそのアナリストの質問に答えることがあるということ意味している。ただこの場合重要なのは同じ鋭い質問が他のアナリストからなされた場合は、同じように答えるという姿勢が大事だということになる。

　この問題をさらに考えていく場合に、「モザイク情報」という概念も理解しなければならない。

モザイク情報

　10～15年もの長きにわたって担当し、日経アナリストランキング上位の常連であるアナリストの場合、企業から発信される情報から、凡庸なアナリストが到達する以上の深い認識を得ることができるだけでなく、そのようなアナリストは企業以外の公表情報から、投資のアイデアに結びつく事象を捉えることができる。ジグソーパズルのように断片情報を総合することにより、非常に斬新な投資アイデアに結びつけることも可能であろう。こういった情報収集のプロセスを総合して「モザイク情報」と呼んでいる。

　Regulation Fair Disclosure 規定は「モザイク情報」を容認している[9]。その事象につき、アナリストがIRオフィサーに色々と質問を投げかけることも可能である。IRオフィサーも、それについてコメントしたり議論することは可能である。もちろん先ほどと同じように、もし他のアナリストが同じ質問をした場合は同じように答えなければならない。

　これまでの錯綜した議論を整理してみよう。図表4-1をご覧いただきたい。

図表 4-1 アナリスト（この場合セルとバイ両方）による自由競争とモザイク情報の認知

情報提供可能領域　　ミニマム開示　　アナリストの認識レベル

図表 4-2

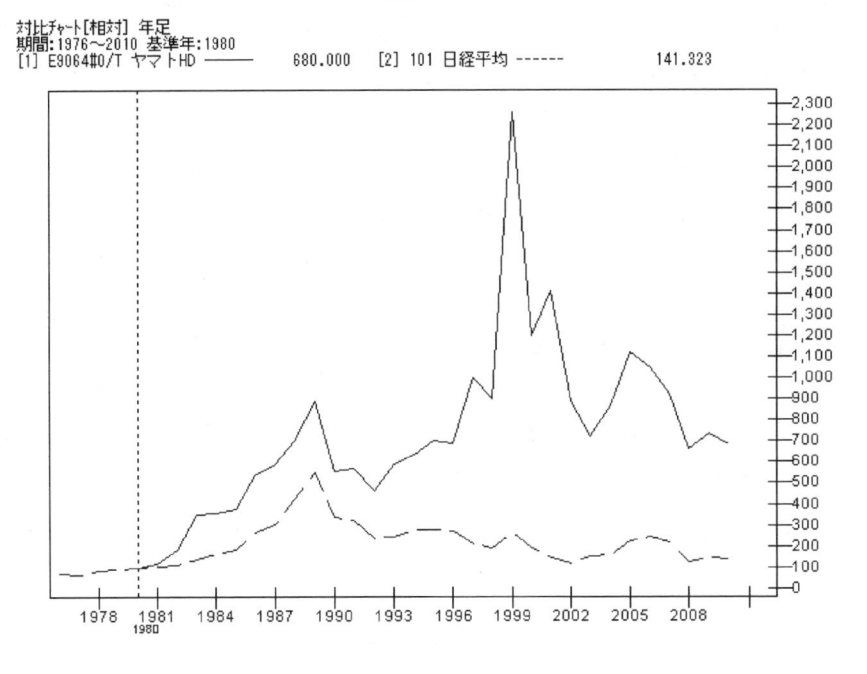

対比チャート[相対] 年足
期間:1976〜2010 基準年:1980
[1] E9064#0/T ヤマトHD ——— 680.000　[2] 101 日経平均 ------　141.323

企業が多くの機関投資家・アナリスト一般あるいは WEB サイト上で公開するものは言わば「ミニマム開示」と呼ぶことができる。これに対し、アナリストの認識レベルは様々である。図表のアナリストの場合はモザイク情報や過去に

おける豊饒なる interaction を駆使し、非常に「深く高い」ものがあることを示している。One on one meeting において、企業側の方で情報提供可能領域というものを予め定めておけば、この問題に対処できることになる。

さて、このような込み入った説明を聞かされては、IR オフィサーから NIRI に対し実際の運営に困るという苦情がきそうである。こんなに面倒なことがあるのなら one on one meeting もいっそのこと廃止してはどうかという意見も聞こえてきそうである。しかし、これを厭ってはならない。大げさに言えば、このような行為は資本市場における情報の意味を理解していないということに等しい。

資本市場を重要な社会ネットワークの１つとして考えるならば、そしてネットワークという言葉を「新たな情報に対し脈絡のある意味形成を行う過程」と捉えるならば、IR オフィサー、アナリストおよびポートフォリオ・マネジャー（投資家）相互の情報交換活動は極めて重要である。投資家は「投資対象」となるべき企業をいつも探索しているわけであるが、数多くある上場企業（日本株だけで現在約 4000 社ある）の中でどれが買い時かあるいは売り時かを探ることは大変難しい。そこで、投資意思決定につきアドバイスを行う情報介在者としてアナリストの存在がクローズアップされることになる。

そして、市場で活躍するアナリストは少人数であってはならない。米国の場合、独立アナリスト会社が多いせいもあるが、有力な企業は、30 人から 40 人のアナリストがカバーしている。彼等の業績予想や投資格付けは傾向として同じような方向に行くという問題はあるとしても、様々な企業に対する見方があり、投資家の立場からすれば、それらを参考にして意思決定することになる。

株価は将来の業績動向に対する見方で決まる。さらに言えば、概ね、業績と株価はタイムラグがあるにせよ、相関関係が見られる。当たり前のことといってしまえばそれまでであるが、だから市場参加者の関心は将来獲得利益がどうなるかである。それが適確に読めれば、投資戦略は成功する確率が高くなる。しかし、株価というものは、実は単純ではなく、ある程度の将来の獲得利益について織り込んでいることも確かである。株式市場ではよく、「現在の株価は、将来業績について市場のコンセンサスである５％利益成長を織り込んでいる」

という表現を使用する。コンセンサスとは、まさに市場参加者の「総意」なのである。だから一生懸命、投資しようとする企業の業績予想を行ってみても、それが市場のコンセンサスと同じであれば、「買い」という行為も「売り」という行為も起こしえないことになる。

閑話休題。市場には様々な思考様式・仮説をもつアナリストによる情報が流れる。その中にはまことに貧弱な情報もあったとしても、やがて淘汰されることになる。感受性の鋭いポートフォリオ・マネジャー（投資家）によりコンセンサス価格との乖離を懸命に求めてゆくというプロセスがあることで、市場は真に活性化することになる。

優れた洞察力のあるアナリストがモザイク情報を駆使し自らのロジックを組み立ててゆく行為は絶対に阻害してならないのである。

基準もそういったことを百も承知なゆえに、selective と differential という概念で詳しく整理して述べているのであろう。IR オフィサーはこの２つの言葉の意味を噛み締め、日々の活動を行う必要がある。

IR オフィサーの責務（３）～市場からのヒアリング機能を果たせ

さて、基準では IR オフィサーの役割は投資家・アナリストに対し、情報を提供するだけでなく、経営層に市場の見方（market intelligence）をフィードバックすることも責務の１つであると述べている[10]。これはいかなる意味があるのか。２つほど考えられる。１つは同業他社の動向や企業に対する率直な意見や感想を投資家・アナリストからヒアリングすることにより外部からの意見やイメージを効率よく収集することができるという点である。

優れたポートフォリオ・マネジャーは企業との直接の利害関係がないだけに、客観的に企業の評価を行い、その結果を IR オフィサーに伝えることがある。IR オフィサーから見て、非常にオーソドックスで長期的な企業価値を算定し投資することで、有名な運用機関のポートフォリオ・マネジャーと個別ミーティングを持つことも多い。その場合、もし彼が、自社の株式の「保有」を望まないと言明しているならば、何故そうなのかを逆に IR オフィサーが尋ねてみる

ことは有意義なことかもしれない。

　この点に関連し、わが国における機関投資家ポートフォリオ・マネジャーの草分けの1人であられる蔵元康雄氏（現フィデリティ・ジャパンホールディングス取締役副会長）は筆者のインタビューに対し、かつてこのように述べている（文責は筆者にある）。

　「1949年東証に上場した大和運輸株式会社（現ヤマトホールディングス）は上場後も1980年頃までは伝統的な地域トラック運輸が業務の中心であったが、1981年に小口貨物の宅配システム、いわゆる宅配便を開始しその後急成長を遂げた。ただし、全国の宅配網という新しいビジネスモデルを築くには、トラックターミナル建設のために、莫大な資金を必要とした。これを株式発行（エクイティ・ファイナンス）と銀行借入金で賄い、1990年代以降の継続的利益成長に繋げた。私が当社の調査を始めた1969年当時の当社の年商は115億円、経常利益2.6億円、従業員5千人弱であった。当時頻繁に経営者と率直な情報交換をしたことを思い出す。経営者の真摯な姿勢を確信することにより、同社の株式を購入した。しかるに直近（2009年3月末）では年商1.25兆円、経常利益578億円、従業員17万人である。今日、雇用創出の重要性が叫ばれているが、これだけの雇用を創出した一大サービス産業企業を築いた社会的意義は極めて大きい。」[11]

　紛れもなく、ヤマトホールディングスの行ってきた宅配便ビジネスは社会に利便性をもたらし、社会に受け入れられ、雇用を創出するとともに、投資家には一定の超過リターンを長期的には産み出してきた（図表4-2参照）。企業経営者のなすべきことは言うまでもなく、資金提供者から付託されている、資本コストを上回るリターンを上げること、別の言葉で言えば株主価値を上げることである。自社の株式の保有を望まないとするポートフォリオ・マネジャーは、そのポテンシャルがあるにもかかわらず経営政策が悪い、あるいは情報提供不足によって、株式の購入を躊躇しているのかもしれない。それ故彼等から意見を吸い上げることは非常に重要なのである。

　虚心坦懐に彼等の意見を参考にして、経営政策そのもの、あるいは開示政策をより積極的に行うことによりポジティブな循環が生まれるかもしれないので

ある。
　市場からのヒアリングを積極的に行うことの第2の意味を基準では以下のように説明している。
　「様々な投資家・株主の関心や動向を観察することによって、運用スタイルを把握できるが、そういう観察を継続することにより、企業にとって望ましい株主構成がどういうものであるかを把握することができる。」[12]
　よく、企業経営者は他人事のように「我々は株主を選ぶことができない」と言う。誰もが確かに市場を通じてある程度のロットの株式を購入することが可能である。アクティビストと称される投資家は企業にとって望ましくないと言われる。しかし隙があるからそうなるのだと突き放すように明言するポートフォリオ・マネジャーもある。
　この言い方は極端な気がするが頷ける面もある。米国のブルーチップと言われる企業の「株主構成」を眺めるとき、2〜3％程度の所有で20社くらいの株主構成が一覧となっているデータベースがある（それを検索するサービス会社も米国では多数存在する）が、それを眺めると、いわゆるオーソドックスな長期投資を目的とする年金・投資信託運用機関に保有されているケースが多い。何となく筋のいい会社だなと思わせるものがある。新興の中堅企業の場合は、成長株に特化した有名なファンドで持たれているケースが多く、それはそれで頼もしさを感じるものである。
　何を言いたいのかといえば、IRオフィサーの心がけ次第で、望ましい株主構成を作ることは可能であるし、作れないのはIRオフィサーの責任であるという点である。
　このように言うと、IRオフィサーの方の中には、そのようなことをしたくても、とてもわが社のマネジメントは聞く耳を持たないので、ダメですと訴える人もいる。筆者はそのような相談を受けたとき、会社内部の人とのコミュニケーション能力もIRオフィサーの重要な能力ですよという言い方をしている。
　IRオフィサーはCEOやCFOから見れば当然部下である。部下が上司に対し、面と向かって直言することはいつの時代も難しいであろう。ましてや、「まっとうな投資家の評価を受けられないのは貴方がダメだから」と間接的に

も指摘することは難しい。しかし、それはいわゆる「話法」の問題であろうと思う。

　資金運用の担い手は国籍を問わない。日本国内でも有力な機関投資家もいるが欧米には桁外れの運用金額を持つ機関も多い。先ほど、ポートフォリオ・マネジャーは広汎に競合企業の分析を行っていると言ったが、これはグローバル競争にさらされているセクターの場合はまさにグローバルなセクターの分析をした上で投資戦略を練っていると言えよう。

　彼等の見識を経営層にそれとなく伝え、良い意味での気づきを与えるというのも IR オフィサーの役割なのだ。

課　題

（1）NIRI 基準における「IR の定義」は 1998 年当時のものと 2004 年基準では、どのように変わったかを検証せよ。

（2）有能なアナリストやポートフォリオ・マネジャーはモザイク情報を駆使し、企業側から differential information を獲得することができると本文で述べている。例えば、あなたがあるセクターのアナリストだったとして、具体的にいかなる「例」を思い浮かべることができるか、それを示せ。

（3）3 章で見た「証券アナリストによるディスクロージャー優良企業選定」（最新年度版）から、上位にランクされるある企業を選択した上で WEB サイトに入り、IR オフィサーは現実にどのような IR 活動を行っているかをリストアップせよ。

（4）4 章で書かれていることのうち、わが国の IR オフィサーにとってもっとも欠けていると思われる点は何か。そしてその理由についてあなたの考えを述べよ。

（5）本章の中ではヤマトホールディングスの例が、長期保有の機関投資家、企業経営者、雇用創出にとって相互にメリットのあった企業として例示された。同じような比較を 1970 年代の新興企業、セコムおよび京セラについても行い、業績、従業員数などを比較してみよう。

章末注

1) 彼の NIRI 草創期における活躍振りについては Morrill, Dewitt C.［1995］を参照のこと。
2) National Investor Relations Institute［2004］
3) コーポレート・ディスクロージャーポリシーなどの実例などが示されている。
4) National Investor Relations Institute［2004］p.5
5) National Investor Relations Institute［2004］p.6
6) National Investor Relations Institute［2004］p.12
7) National Investor Relations Institute［2004］p.7
8) Saxon, O. Glenn, Jr.［1963］p.128
9) National Investor Relations Institute［2004］p.25
10) National Investor Relations Institute［2004］p.7
11) 2010 年 1 月 18 日に行われ、その要旨は、同氏の日本証券アナリスト協会・青山学院大学共催特別講演会「資本市場の来し方行く末」の講演にても説明された。
12) National Investor Relations Institute［2004］p.7

第 5 章
NIRI 基準の意味するもの（その 2）

　前章（第 4 章）において、基準目次は下記における内容の中で「序文」と「1 章」について俯瞰することができた。

序文
1 章　IR オフィサーの責務
2 章　情報開示の基本
3 章　IR カウンセラーの役割
4 章　情報開示基準とガイダンス
5 章　企業側とアナリスト・投資家との関係における留意点
付属事項

　本章では 2 章以下の論議を見ることにしよう。情報開示に関する基本中の基本として記されているのは以下のような表現である。
　「信頼性（credibility）こそが効果的な IR プログラムを遂行する上での必須の構成要素でありかつビジネス一般を遂行する上でも礎になるものである。」[1]
　それではどのように信頼性を獲得するか。最初に肝要なこととして示されたのは適時性（timeliness）である。いかに精緻な情報であっても遅くなってはどうしようもないということである。

ネガティブ情報ほど早く伝えるべき

　また、関連するパラグラフの中で筆者が注目したのは以下の箇所である。遅滞なく（timely）IR活動を行うべしとする件ののちに、「とりわけネガティブな情報について遅れてしまうことは当該企業の長期にわたるIR活動全般あるいは企業全体に対する信頼感を大きく損ねることになるだろう」[2] と述べている。

　ネガティブな情報の開示に対する心構えとして、1960年代の文献において当時のGEのIRオフィサーがこのように語っている。

　「我々はアナリストに何か伝達するときに、常に心がけていることが1つある。それは企業にとってポジティブな情報であってもネガティブな情報であっても常に正直（honest）かつ率直（straightforward）に伝達しなければならないということである。投資の世界において、そのような姿勢がないと、その会社からの情報はミスリーディングなもので信用できないという評判が立ち、その後長い期間資本市場から抹殺されるだろうからだ」[3] と。

　ネガティブな情報について、なるべくならば、できることなら出したくないという気持ちはわからなくもない。特に、それが株価に及ぼす影響が軽微であると予想される場合は尚更である。しかし株価への影響度が軽微であるかどうかは、実は企業自身が勝手に判断すべき問題ではない。ここのところの認識ギャップは現在でもあるし、投資家・アナリスト間でもある。これを戒めようということであろう。例えば、わが国では現在定期的に医薬品の副作用に関するニュースが出る。その中には、服用した「患者」が重篤な状態、時には死に至るという深刻な副作用報告もある。その事実は消し去れないし、公知されるものであるが、「株価」への影響は恐らく、その詳しい内容により様々であろう。また投資家・アナリスト間で意見が食い違う場合もあろう。

　例えば、ある「抗がん剤」を投与した患者が数人なくなったという事実は、その「抗がん剤」による投与が直接作用したかどうかを詳しく見なければならない。あるいは作用したとしても既に末期のステージの患者であり、投与時点

での他の機能が不全であったという場合もある。究極的に、発売中止や薬剤投与の大きな制限がかけられない限り長期業績予想に大きな影響を与えないという見方も市場関係者から出てくるかもしれない。ともかく基本は市場に情報が詳細に出てくることが先決であり、解釈は参加者に任せればよいのである。

　それはともかく、引用文における「抹殺」するというのは穏やかな言葉でないとする見方もあろう。

　しかし、筆者の経験でも、このように「抹殺」されたケースがわが国でもあったことを思い出す。その企業は、期初会社予想について常に強気な予想をすることで有名であったが、期初においてそれなりに「論理性」を備えた説明をするので、アナリスト・機関投資家の中には積極的に評価する向きもあったのである。当時は四半期決算制度も適時開示制度もなかったためか、5月頃に立てた期初年度業績予想が馬脚を露すのは中間決算発表時（11月）の実績数値が出てきて初めてということになった。しかし、それでも悪びれず、通期の強気の業績予想を下方修正しないという事態が起こったこともある。

　このような事態が数年続いて、流石に機関投資家（個人投資家はその後も被害を蒙ったかもしれないが）サイドは、その企業の業績予想には目もくれなくなったのである。市場では「嘘つき○○○」と称されることになった。これは当時のCEOの姿勢が問題であったためであるが、そのCEOが退任し、新たなマネジメントが非常に謙虚な姿勢でIR活動にあたっても、そのイメージを払拭するのに就任後5～6年はかかったのではないか。もっともこの事件が起きた年代は1980年代であり、未だわが国におけるアナリスト活動が成熟していなかった時代であったからだとも言える。情報介在者としてのアナリスト機能が全うされていれば、こんな馬鹿なことは起こりうるはずがないからである。

　もっと手の込んだ深刻なケースもある。過去20年間、かつて日本のリーディングインダストリーであったエレクトロニクス産業の一部サブセクターにおいて、中期経営計画でバラ色の計画を立てながら常に裏切ってきた会社がある。この場合、多くのアナリストや投資家はプレゼンするトップの言を信じ、経営計画が発表された時点で株式購入に向かうことも多々あったと思われる。この場合、プロフェッショナルな投資家・アナリストが信じたのだから、騙される

方が悪いという見方も成り立とう。しかし、プロの人にまでそう思わせて何度も裏切るというのはある意味非常に背信的な行為ととれないことはない。

　当該サブセクターのグローバル市場における地盤低下は非常に激しいものがあるが、それは、常にオプティミスティックな経営計画を立ててその場しのぎの経営をしていた経営者と、冷静な批判・評価を怠っていたアナリストおよび投資家にも一端の責任があるといえよう。

ディスクロージャー・ポリシーを設定すること

　基準の第2章「情報開示の基本」として2番目に指摘していることは、「企業が、完璧なディスクロージャー・ポリシーを策定しそれを内外に言明し、かつ実行すべき」[4]、としている点である。もちろんその内容は、基準全体の精神を具現化したものでなければならない。今日、欧米の主要企業のみならずわが国の主要企業もポリシーを作成し、それを社内外に公表している。

　ポリシーの詳細項目については各社の業容に応じて様々である。細かくサイレントピリオド（決算発表前の取材制限期間）まで設けて公表している企業もあるが、そのような詳細な項目を設けていない企業もある。

　それではこのようなポリシーを設定することの意義は何か。第2章を読み進むと次のような説明にたどり着く。「基準の精神を完璧に織り込んだポリシーを作成し内外に公表することにより、フルに、公正な情報開示を継続的に行うことをコミットメント（約束）することになる」[5] という箇所がある。

　自らのポリシーを伝えるということは、そのとおりに実行されないときには、すぐに公になり、批判にさらされるリスクを持つことを意味する。自主規制の段階でここまでしなければならないかと思われる向きもあろう。そうではなく、自主規制であるからこそ、自分で自分を律するからこそ厳しくなるのである。これまでの歴史的な苦い経験がそうさせたとも言えるのである。

　さて、ポリシーの設定には、大きなメリットもあることを忘れてはならない。IR活動が、そのポリシーの理念に基づき整然と行われることはもちろんメリットである。それ以外の効用について、基準にはこのように書いてある。「明示

された、ディスクロージャー・ポリシーを持つことは、その中にインサイダー情報の取り扱い等の必要な事項が盛られている場合には結局のところ、取締役や幹部社員の訴訟リスクに備える保険金負担を削減することになる」[6]と。さらにその後に、「SECは公示開示規則の付則第90条において、SECは企業内において開示原則を策定し公表しておくことを推奨している、そしてこのような状況が存在し、実際に真摯に行っているという事実こそが選択的情報開示の精神を適切に実施していることの証左としてみなされるものである」[7]という文言がある。

いささか入り組んだ話のように思えるが、筆者の解釈は以下のとおりである。

「選択的情報開示」に関しての規則の制定はアメリカ資本市場の汚点というべきものであり、SECにとっても切歯扼腕してきた問題であるが、しかし、実際の法適用にはグレーゾーンが多く、大変扱いが難しいデリケートな点が多い。ベテランのIRオフィサーであっても日々の活動の中で悩むケースが多いと聞く。そのような折、NIRI基準の精神に則り一定の社内運用ルールを明示化しておき、それに沿って運用しているという事実がある場合、SEC側でもそれを尊重するということを意味する。「訴訟リスクに備える保険金負担を削減する」という表現はそのことを指していると解することができる。急がば回れ、あるいは、備えあれば憂いなし、ということであろう。

予測情報とセーフハーバー・ルールの留意点

筆者がアナリストを始めた頃（1980年代初頭）、アメリカでは企業が「経営者予想」と言われる業績予想を公表しないとされていた。日本の場合、むしろ、東京証券取引所の指導で決算短信において進行期（期末においては次期）の業績予想を公表することを奨励しており、全く異なる環境にあった。アメリカにおいて企業が経営者予想を開示しない理由として当時言われたのは、不確実な将来情報につき、言明することにより、もしその通りにならなかった時に、後々に、株主・投資家から訴訟を起こされるリスクがあったためである。

この背景として、当時から米国では四半期決算が導入されていて頻繁に過去

情報についてのフォローがあったこと（わが国では当時四半期決算開示制度も適時開示制度もなく経営者予想はあれども実績の把握はかなり米国に比べて遅れることもあった）と、アナリスト予想が充実していたこともあったとされている。

アナリストのコンセンサス予想がどのあたりにあるかについてのデータベース（IBES 社など）も 1980 年代には既に揃っており、資本市場において豊富な予想情報があったという事実もある。また、グレアム・ドットやビル・ノービーといったアナリストの先駆者が述べたとおり、「業績予想はアナリストの職務である」[8]といった気風が当時まであったことも考慮しなければならない。

しかし、1995 年のいわゆるセーフハーバー法（PSLR とも呼ばれる；正式には Private Securities Litigation Reform Act of 1995）によって、一定の hedge closing（断り書き）を記載することにより、企業が「将来情報」を開示することによる訴訟リスクは大きく軽減することとなった。NIRI 自身も、これに大きな賛意を表明してきた。企業自身が業績予想を言明することは、市場にとって感度の高い有用な情報を投資家にもたらすと判断したためだ。この法律の施行以降、企業サイドによる業績予想の開示は急速に普及する。

80 年前後は 18％程度だった企業側による進行通期の業績予想開示は 1998 年には上場企業のうち 70％程度が行うことになった[9]。しかし、「基準」によればであるからして、どんな情報を出しても咎められないわけではないと釘を刺している。

> 「セーフハーバー・ルールは、誠意を持って予想情報を開示する企業の訴訟リスクを守るために制定されたものである。誠意を持ってということは、予想通りにいかない場合のリスクについて適切に投資家に示されていることを条件とする。」[10]

「誠意を持って」という情緒的な言葉がこの場合重要となる。いくら咎められないといっても、株価を有利に導くための（⇒アメリカの企業においては、経営者側が条件次第では有利なストックオプション行使の分け前に与れるという直接のメリットもある）勝手な「予想開示」は許されないということである。例えば、会社側が、新たな進行期につき EPS 前期比＋10％増（コンセンサス

は＋５％のとき）と発表したとする。当然株価が大幅に上昇することが考えられる。

ここで「誠意を持って」ということは、＋10％達成するか否かについてのリスクを投資家に納得できるように説明するということである。換言すれば、様々な業績予想の前提について、詳細かつ論理的に説明する必要があるということである。

往々にして、一年経ち、実績が出たとき、会社の予想数値をショートするときがある。その場合、何故そうなったかを説明できることも肝要だということでもある。

非財務情報、とりわけ経営者能力の重要性

基準は「経営者予想」について触れた後、投資家に対する、「非財務情報」の重要性について言及している。この点は一見つながりのないように思えるが、アナリストを長く務めた筆者にしてみると、極めて自然な流れのように思われる。

第２章でも見たように、今日洗練された投資家にとっては、過去の業績結果が、もともとの予想に対しインラインであったか否かも依然として重要ではあるが、その点についての確認を済ませた後には、新たな進行期予想の可能性の検証へと関心が移る。そして、そこで一定のコンセンサスが形成されるや、中長期の姿の確認へと関心が移る。

企業の中長期の姿を映し出すためには、企業自身がどのようなビジョンを持っているかが問われることになる。ビジョンを決めるのは経営者であり、経営者能力そのものが問われることになるのである。IRの究極が、自社にとって望ましい機関投資家によって株式が所有され、安定的な株主構成（持合という意味ではなく、長期投資で定評のある一流の機関投資家という意味）を築くということであるならば、機関投資家が意思決定にあたり重視するのは何であるかということを斟酌しなければならない。

既に何度か紹介したNIRIの中興の祖、ルイス・M・トンプソンはNIRI会

図表 5-1

"Investor Relations: It's Not a Dog and Pony Show"

Louis M. Thompson, Jr.
President & CEO
National Investor Relations Institute

California Bankers Association
May 4, 2006

長としての引退記念講演において
「有力な機関投資家が我々を判断する上で重視するのは昔も今も、マネジメントの質とマネジメントに対する信頼性である」[11]と述べている。図表5-1はその記念講演時の資料である。
それに呼応するかのように、基準には以下のような表現がある。
「マネジメントの質の把握が重要であるため、企業はトップと機関投資家との定期的なコミュニケーションの場、時にはone on oneでのミーティングを設営しなければならない。そうすることによって、投資家およびアナリストは会社が誰によって動かされ、いかに彼等の施策が具現化されるのかについて評価できることになる。」[12]
トップは最高のIRオフィサーであるという言い方があるが、まさにここで述べられていることはそういう意味である。その上で、次にはセルサイド・アナリストと機関投資家の着眼点の違いについて言及することになる。

第5章　NIRI基準の意味するもの（その2）　53

「一方で、多くのセルサイド・アナリストは非財務情報にあまり多くの注意を払わないことを企業サイドは理解するであろう。何故なら、彼らは（短期的視点に注視しているため）彼らの財務分析モデルを作成する上でこれらの非財務情報を考慮する必要性を感じていないためである。これに対して、ポートフォリオ・マネジャーは投資意思決定にあたりインタンジブルアセットを考慮するという調査結果がある。従ってNIRIは企業側が投資家とのミーティングにおいてインタンジブルアセットに関して進んで情報提供する責務がある。」[13]

このような言いようはある意味で、セルサイド・アナリストを馬鹿にした言い方である。やや抽象的な言い方をしているが、多くのセルサイド・アナリストがいわゆる短期EPSシンドロームに終始していることを示している。彼等への対応はある意味、「定型的・日常的」業務の中でこなせばよいが、ポートフォリオ・マネジャー、なかんずく、有力な機関投資家に評価してもらうことの意義をここで強調していることにならないか。

さて、本章においては基準の第2章「情報開示の基本」の内容について検討してきた。第3章以下においても検討すべき事項は多いが、「基本的事項」はほぼ検討し終えたといって良いであろう。特筆すべきトピックスは「課題」の中に盛り込むこととしよう。

課　題

（1）日本で2008年度より本格導入された四半期決算制度は、投資家によるショートターミズム（短期決戦主義）を助長するものとして企業側が批判している。このことの是非を論じよ。

（2）3章で見た「証券アナリストによるディスクロージャー優良企業選定」（最新年度版）から上位にランクされるある企業を選択し、ディスクロージャー・ポリシーについてWEBサイト上に掲載している企業をピックアップし、その内容を評価せよ。

（3）触れなかった「基準」の論議の中で、以下の点につき検討せよ。

①「基準」3章の中で「利益相反」(conflicts of interests) について触れている。この概念は資本市場システムの維持において非常に重要である。企業側のCEO、CFO、IRO、アナリスト、機関投資家のポートフォリオ・マネジャー、監査法人がそれぞれ抱える可能性のある利益相反について列挙せよ。

②「基準」4章の中で「quite period」について触れられている。まず、quite periodとは何か。IRオフィサーとしてどのような心構えでそれに対処すべきであろうか。

③「基準」4章の中でone on one meeting（個別ミーティングとも呼ぶ）の際のIRオフィサー側の留意点が記されている。その主な内容について述べよ。

④「基準」5章の中で、セルサイドによるアナリストレポートのレビューについて触れている。企業側がアナリストレポートをレビューするときの留意点について述べよ。

⑤「基準」5章の中でissuer paid researchというわが国において現在見られないリサーチ形態について触れている。issuer paid researchはどのようなものか、そして企業がissuer paid researchを利用する場合の留意点について述べよ。

⑥⑤に関連して、issuer paid researchが隆盛化する一因としていわゆるorphan stockの問題があると言われる。わが国においてもこれは深刻な問題である。まず、orphan stockとは何かを述べよ。その上で、企業情報誌からあるセクターの主要企業（含む中堅企業）を取り出し、アナリストカバレージの実態を調査してみよう。

章末注

1) National Investor Relations Institute [2004] p.8

2) National Investor Relations Institute [2004] p.9

3) Augsburger, Robert R. [1963] p.117

4) National Investor Relations Institute [2004] p.10

5) National Investor Relations Institute [2004] p.9

6) National Investor Relations Institute [2004] p.11

7) National Investor Relations Institute [2004] p.12

8) Norby, William C. [1963] p.134

9) National Investor Relations Institute [1998] p.24

10) National Investor Relations Institute［2004］p.10
11) 2005 年暮れに 25 年続けた NIRI 会長の職を 2006 年に辞することを発表し、その後 4 月から 5 月にかけて彼は全米各地で Final Speech を行った。「IR は Dog and Pony Show ではない」という刺激的な表題は当時話題となった。華美なだけで内容のない IR 活動に対して警鐘を促し、IR の原点に戻ることの重要性を説いていると筆者には思える。
12) National Investor Relations Institute［2004］p.14
13) National Investor Relations Institute［2004］p.15

第6章
情報開示の基本哲学〜NIRI 基準の背後にあるもの

IR の歴史についての簡単なスケッチ

　第4章および第5章で検討した NIRI 基準は主に 2004 年版のものであるが、ここで記載されていることのバックボーンを探っていくと、1960 年代のいくつかの文献にたどり着く。

　1930 年代、40 年代にかけては、1929 年の大恐慌の反省があり、強制的財務内容開示制度の充実に大きな進展が見られた。1940 年代、50 年代にかけてはアナリスト側には、アナリスト資格制度確立への模索があり、その活動は第8章にて後述するように 1960 年代に入り結実したが、一方の企業の IR 活動はいかなる状況下にあったのであろうか。

　大恐慌、第二次世界対戦が終了し、資本市場（証券市場）が落ち着きを取り戻したのは 1940 年代も後半に入ってからと推察されるが、まさに、そのころはアメリカの主要産業・企業の世界の中での位置づけも、際立ったものであり、自信あふれるものであった。

　そしてアメリカの資本市場においては企業年金基金制度の充実から、いわゆる機関投資家、インテリジェント・インベスター（専門の運用担当者＝ポートフォリオ・マネジャー）の出現があり、彼等を満足させるべき知的な分析能力を持ったアナリストが、あたかも歴史的必然として出現してきた。したがって、

企業側も投資家、株主への情報提供に神経を配らなければならない情勢となってきた。周知のように、運転資金はともかく設備資金等の長期性資金の調達については、資本市場を利用するのが主流であったアメリカにおいては、元来、資本市場での企業に対する評価は経営者にとって極めて重要である。このようなことが相まって、1953年にはGEにおいて企業組織名称として初めてIR (Investor Relations) という部署ができた。

この当時においても、投資家に対してアニュアルレポートが配布されていたが、今日のものに比べれば、上場企業総体としては、極めてプリミティブなものであったと推察される。しかし、GE等の先進的企業は今日では当たり前になっている、アナリスト及び機関投資家へのインフォメーション・ミーティング、工場見学、研究所見学、個別訪問の受け入れ等IR活動の基本的な事項を、すでに1950年代において行っていたことが文献によりわかる。

もちろん、1950年代初頭においてIRの重要性が一般に認識されてきたと言っても、GEのような活動を実践していたのは一部企業にとどまっていたと思われる。そこで、アメリカ経営者協会 (American Management Association, 以下AMA) が危機意識を持って、IRの意義や実践方法についての関係各企業に対する啓蒙活動を1950年代後半になって盛んに行うようになった。1957年にはGEの協力の下でAMAは『効果的な株主との関係を構築するためのガイド』[1]と題する小冊子を公刊し、会員の各社に配布した。翌1958年にはAMA主催による100社以上の会員企業を集めての「IRコンファレンス」が開催されており、IRを充実させていこうとする気運が、一気に盛り上がってきた。そこではIRの必要性、株主あるいは投資家の特性に対する理解、アナリストが知りたい事項、アナリストへの情報提供プログラム、プロフェッショナルなIR活動の重要性等がトピックスであった。

1954年前後、アメリカ広報協会 (The Public Relations Society of America, 以下PRSA)[2]による10回のワークショップにおいて株主とのリレーションシップについてのテーマは一度もなかったことと、対照的な状況となった。ついでながら、パブリック・リレーションズという用語は1897年に米国鉄道協会が使用したのが嚆矢といわれている[3]。またPRSA自体の設立は意外と新

しく1947年である。

　一方、1962年には公認アナリスト協会（ICFA）が組織化され、1963年には第一回アナリスト試験が行われた。そして、ICFAの母体となった（そのままその後も存続することになる）FAF（証券アナリスト連合）の下部機構である企業情報委員会が1962年には、前章において紹介した、「財務アナリストは何を知りたいか」という副題のもと、『機関投資家のための企業情報』という冊子を公表した。

　当時のアナリストが、企業分析を行うにあたってどのような情報が企業側から与えられるべきかを詳細に述べたものである。詳しい内容分析は、ここでは触れないが[4]、それまでアナリスト側からまとまった文書もなかった折、IR側に与えた影響は非常に大きかったと推察される。これに対し、第5章で触れたとおりAMAサイドで翌1963年に『インベスターリレーションズ──企業とその所有者』という冊子を刊行している。GEのIRメンバーを中心に、IRの基本理念、刊行物の取り扱い、機関投資家およびアナリストとの関係維持等のトピックスについて、コンパクトにまとめあげたものである。これら文献を詳細に見てみると、1963年時点で、IRの在り方、基本理念はアメリカの先進的企業の場合すでに確立していたことがわかる。

　また、この年はブルース・デスペルダー教授（デトロイト・ウエイン州立大学）が全米投資業協会（The National Association of Investment Clubs, 以下NAIC）と共同で「投資哲学と投資教育」[5]と題したセミナーを行ったが、投資家側、企業側両サイドの多数の参加があり盛況であった。あまりに成功したので、翌年「IRの飛躍的発展」と題して追加のセミナーを行ったくらいである。そしてNAIC内に「投資教育協会」が1964年に設立されることになった。このように、CFA制度が確立した頃、企業のIR活動も充実期を迎えつつあったのである。

GEのIR哲学

　それでは、1960年当時のGEのIR活動は具体的にどのようなものであった

のであろうか。実は調べれば調べる程、様々な点において今日においても通用するばかりか、むしろ再認識して考え直さなければならない「含蓄」のある考え方が多い。

　まず、アナリストへの情報公開について、以下のような記述がある。

　「われわれは以下のような方法でアナリストへの積極的な情報開示を行っている。

まず、印刷物として

（1）通常の年次報告書、四半期報告書等の公刊物

（2）専門的なアナリスト向けの特別なハンドブック

（3）必要時のニュースレターの配布

があるが、情報伝達の方法としては

（1）代表的なマネジメントの出席による各地（多い時35ヶ所で開催）での、アナリスト・投資家向けの定期的説明会（10名から多いところで100名以上）

（2）適度な間隔をおいてのアナリストによる訪問の積極的な受け入れ

（3）主要機関投資家へのマネジメントの定期的訪問受け入れ

（4）小数のアナリストを招待してのマネジメントとの、ランチオンあるいはディナーによるミーティング

（5）工場見学

が実施されている」[6]　と。

　これらの項目の質的側面について、今日のそれらとの比較検討は単純にできないとしても、項目内容としては今日と遜色がないのではないか。もちろんWEBサイトなどはないけれども。なお、1963年当時は未だ米国においてさえも四半期開示は強制されていなかった（1968年度から強制開示か）。もちろんEメールでのやりとりは当時においてはない。

　さて、一方で企業側のアナリストとの対応について、1960年代、すでにGEは次のような基本ルールを定めている。第4章・第5章で検討したところのコーポレート・ディスクロージャー・ポリシーの魁と見るべきものとも言える。

「（1）もし、質問がコンフィデンシャルな範囲なものである場合は、その旨

を正直に言うとともに、もしコンフィデンシャルであるしかるべき理由がなくなった時には、必ず、公平に直ちに情報を公開すること。
（2）業績予想については公表しない。予想、予測はアナリストの役割であるから。
（3）部門別利益、月次データについては公表しない。
（4）答えに窮するような難問、奇問といったものであってもわれわれの許容範囲を逸脱していないものであれば時間がかかっても調べて答える用意がある。
（5）アナリストが当社を初めて訪問した場合、まず15分から30分かけて、当社の概要、経営哲学、歴史等基礎的事項についてじっくり説明する
（6）当社はアナリストに対して高価な贈答品などの供与を行わない。アナリストに対し当社への訪問、工場見学時の交通運賃の支払い等も行わない。
（7）われわれはアナリストが当社のリポートを書くことを認める事も認めないこともしない。アナリストの書いた予想、憶測についてもコメントしたり訂正を求めたりもしない。コメントするとすれば、すでに公表した事項についての事実（認識）が間違っているときのみである。
（8）われわれはすべてのアナリストにコンタクトをとったり、彼らをすべてインフォメーション・ミーティングに招待するわけではない。日常、定期的に、頻繁に情報を求めてくるアナリストのみを対象としている。」[7]

　（2）については日本の慣行とは異なるし、アメリカにおいてもその後、大きな論争となり一定の法的整備がなされ、最近の調査でもほぼ3分の2の企業が経営者予想を開示していることはこれまでの説明通りである。（3）は今日では「セグメント情報」として、ほぼ完全に公表されている強制開示事項の1つとなっているものである。
　このように、やや今日と離反している部分もあるが、それ以外の点では現在でも企業のIR担当者が守るべきIRの基本理念が盛られていると言えよう。特に（6）などは、ほほえましい位のアメリカ企業の潔癖さがにじみ出ている。わが国では依然として、定期的なインフォメーション・ミーテイングの度に、

その会社に何ら関係のない、嗜好品を配っている会社が見受けられる。以て、肝に銘じるべき主張ではなかろうか。

　また（7）の記述は、今日においても重要なテーマである。日本企業の一部のIR担当者は自らの企業がアナリストにどのようにレポートで取り扱われているかについて、依然、強い興味があるようである。確かに株式の買い推奨を行っているレポートを、心情として「好ましいもの」と感ずるのは仕方のないことであろう。しかし、「株式投資」の観点から魅力的な企業と「経営の質」の面での優劣とは必ずしも一致しないこともあり得る。どんなに優れた企業であっても、ある投資家あるいはアナリストの「評価基準」から見て割高という判断をする時もあろう。逆に、様々な経営上の問題点を抱えていたとしても、あまりに過小評価されていると感じ、その企業を「買い推奨」するアナリストもいよう。それゆえ、IR担当者がアナリストの下す「投資判断」それ自体に、目くじらを立てるのは、まことに大人気ない態度と言えよう。それではレポートの内容、特に「論理展開」が曖昧、あるいは不充分と思われる時はどうであろうか。筆者の解釈によれば、この点についてもIR担当者は関与すべきでないということになる。なぜなら、それは本来のレポートの読者でもあり評価者である機関投資家が、「判断」すべきことだからである。

　財務分析がまともにできなかったりする、あるいは、売上の予想そのものが、きわめて楽観的あるいは偏見に満ちて、一定の投資見解を導いているレポートは成熟した投資家によって無視されることになり、その結果、そのようなレポートを書くアナリストは早晩自然淘汰されることになろう。「アナリストの書いた予想、憶測についてもコメントしたり訂正を求めたりもしない」と、一見突き放した言い方をするのは、当時のGEのIR担当者がこのような種類の問題に、既に透徹した眼を持っていたからに他ならない。したがって、IR担当者がチェックするのは、ある「事実」に対する「誤認」がある時のみ、ということになる。この精神は今日のNIRI基準にも活きている。

　アナリストのレポート、特に「投資意見」に異常に神経質になり、それを監視することがIR担当者の主な仕事になっている企業も、まだ日本では見受けられる。これは無意味なことである。投資家はアナリストの率直な意見を求め

ている。洞察力のあるディープなレポートを書くことにより、アナリストは投資家に評価される。そして、その外部評価のランキングにより、アナリストの価値が決められる。もちろん今日、ここで言うアナリスト、すなわち、セルサイド・アナリストの活動は多様かつ複雑化している。確かによく言われるように、短期志向のトリッキーな見解を披露し、派手な振る舞いで一時的に市場を攪乱させるといったタイプのアナリストもいないわけではないが、すぐに見透かされ自然淘汰されるということである。

（8）もまた、一見、極めてクールな IR 活動を想起させる。GE の IR 担当者はすべてのアナリストに対し、門戸を平等に開いているとはいっても、「継続的」に GE という企業をフォローし、理解しようと努めないアナリストには、厳しい対処をしていることを意味している。「権利の上に眠るもの」に対する「サンクション」（制裁）と受け取ることができよう。

このように平等あるいは公平な IR 活動の意義について、ここで再認識する必要があろう。平等あるいは公平さとは「すべてのアナリスト」に対して求められるものではないのである。資本市場という「場」でのダイナミックな情報相互作用を極めて凝縮された時間の中で行うために、その渦の中に参画する資格のある「情報感度の優れたアナリスト」に対し、IR 担当者は「公平」かつ「平等」に情報提供活動を行うのである。これは、多くの日本の IR 担当者が今日でも誤解している点である。「形式的平等性」と「実質平等性」の峻別がついていないことは企業の IR 活動全般において大きな過失をもたらすと思われる。

1963 年 AMA 報告～IR 関連文献の嚆矢

さて、当時の IR 活動の実態を詳しく知る上では、既に何度か触れたが、1963 年に著されたアメリカ経営者協会（AMA：American Management Association）による *Investor Relations ── The Company and Its Owners* が参考になる。

IR に関する初めての単行本と言われる。本書はアナリスト協会の CIC 報告

を直接受けたものではないが、掲載された26の論文のなかで、「機関投資家に対するIR」というパートには、先のCIC報告の委員長であったコルリス・アンダーソン教授と、当時のFAF会長のウイリアム・ノービーが寄稿し、アナリスト側からの見解を披瀝している。そのパートではCIC報告との絡みでの指摘が多く見られる。とは言え、全体を見ると当時の企業のIR担当者を中心とした論文が大半を占める。

本書の構成は5つのパートに分かれている。

  An Overall View
  Share Owner Relations
  Investor Publications
  Professional Investor Relations
  Completing the Task

このなかではアメリカで最初にIRという部署ができたGEのスタッフ、コンサルタントによる論文の数も多く、当時先端的であったことを窺わせるように、示唆に富む論文が多い。

IRAからNIRIへ

これまで見たとおり、今日でも通じるIR活動の基本哲学は、GEの活動で見る限り、1960年前後に既に確立されていたことがわかる。しかし、IRという言葉が本格的に普及してきたのはNIRIの25年史によれば、NIRIが1970年発足する前の1960年代後半のことであるという。1953年にGEにIRの部署ができたが、企業サイドでのIRに関する全米の横断的組織を作ろうという動きは、前節でも触れたAMAが、活動の一環として1950年代から1960年代初頭まで、熱心に取り組んでいた形跡がある。

そして1964年に、AMAの関連組織としてNAICができて、様々なコンファレンス（1964年にはInvestment Philosophy and Investment Educationと題され開催された）を行った。そして、その組織を直接継承するわけでないがGEのスタッフを始めとする有力企業のIR担当者、学者が中心となり、IRの

担当者の広汎な「機構」を作ろうとする気運が徐々に盛り上がりを見せはじめ、ついに、1967年にNIRIの前身とも言うべきIRA（Investors Relations Association）が設立されたのである。

　この組織の「目的」についての記述は以下のようになっている。
「IRA活動目的と当面の活動プラン
（1）IRのより高度な実践を広める場とすること。
（2）メンバーは、IR活動のより洗練された行動基準の作成に努力すること。
（3）メンバーは以下の項目についての調査活動を積極的に行うこと。
　・株主構造の把握
　・機関投資家の投資活動の実態把握
　・個人投資家の投資活動の実態把握
　・資本市場全体の現状分析
　・効果的相互コミュニケーションの実践
（4）企業と様々な所有目的を持つ投資家（含む潜在株主）との、より効果的なコミュニケーションを図るために、継続的で長期にわたるグループワーキングを行うための機関の設置
（5）投資家の重要な関心事把握のためのプロジェクトの稼動」[8]
とある。ここでリストアップされていることは今日のテーマとしても決して色褪せてはいない。1960年代においてこのような活動が意識されていたという事実は、日本の資本市場における当時の状況を考えてみると、想像もできない厚みを感じさせるものである。

　しかし、IRAの活動は、結局、本格的なものとならなかったようである。それは構成員が、AMAの関連組織NAICや、パブリックリレーションズの機構であるPRSAとの重複したメンバー構成であったり、また様々な、古くからあるPR活動絡みのコンファレンスが、混同され継続されていたりで、あまりうまく機能しなかったためである。わが国においても、未だにこのあたりの峻別がついていない企業が多い。例えば、ジャーナリストと投資家・アナリストが一斉に集まるコンファレンスを企画する企業がある。その方が効率的であるという見方をするIRオフィサーがいたとしたら、すぐに考えを改めるべ

図表 6-1　アメリカにおけるアナリストと IR 活動の関係――1940〜60 年代を中心として

	アナリスト	IR
1930 年代	NYSSA 発足（ニューヨーク証券アナリスト協会）(1937)	
1940 年代	*The Analyst Journal* 誌発刊（発行：NYSSA, 1945 Jan.） QSA (Qualified Security Analyst) 制度の選択 (1945) NFFAS (National Federation of Financial Analysts Society) を結成 (1947)	
1950 年代	CSA (Chartered Security Analysts) 制度の提案 (1951) SSA (Senior Security Analyst) 制度の提案 (1953) *The Analyst Journal* が *The Financial Analyst Journal* に名称変更 (1959)	初めて企業内に IR 組織できる (GE) (1953) アニュアル・レポート定期的作成、アナリストミーティングの開催定例化（一部企業で）(1950 年代初頭) American Management Association (AMA) *A Company Guide to Effective Stockholder Relations* を公刊 (1957) AMA 主催の初めての IR Conference 開催される (1958) PRSA [The Public Relations Society of America] との連携強化 (1959)
1960 年代	ICFA (The Institute of Chartered Financial Analysts) 設立 (1962) FAF の企業情報委員会 (CIC) が *Corporate Reporting for the professional Investor* を公表 (1962) 第 1 回試験実施 (1963) CIC がアニュアル・レポートの優秀企業を発表 (1964)、以降恒例化 Institutional Investor 誌創刊 (1967)	AMA, *The Company and Its Owners* を公刊 (1963) NAIC が Investment Philosophy and Investment Conference を実施 NAIC 内に Investment Education Institute 設立 (1963) IRA (Investors Relations Association) 設立 (1967) NYSE, *Expanded Policy on Disclosure* を発表
1970 年代	Institutional Investor 誌によるアナリストランキングの実施 (1971)	NIRI の設立 (1970)

（注）下記文献およびインタビューを通じて作成（文責：北川）。
Nancy Regan [1987], *The Institution of Chartered Financial Analysts: Twenty-Five Year History*, The Institution of Chartered Financial Analysts.
Dewitt C. Morrill [1995], *The Origins of NIRI in Honor of the 25th Anniversary*, National Investor Relation Institute.

きであろう。日頃接していればジャーナリストとアナリスト・投資家の関心は全く異なることに気づかなければならない。IRA の問題はこのようなところにもあったと筆者は推察している。

さて IRA では 1969 年に入り、IRA 自体の活動が中途半端であるとの批判

に対処するため、全米をカバーする異なる理念を持つ「組織」設立の気運が盛り上がってきた。主要メンバー自らが様々な関連組織を整理統合し、IR関連の、プライベートな自生的な組織の性格を維持しつつIRについての広汎な啓蒙、普及を行うことを目的としていた。「新しいワインは新しい瓶に」[9]という発想である。そして、1970年に正式にNIRIが発足する。2010年で、40周年を迎えたことになる。

そして、種々の文献を見る限り、アメリカでIRに関する「啓蒙書」「技術的解説書」が出回り始めるのは1970年代中葉からである。日本では1993年に「日本IR協議会」が発足し、NIRIと同じ崇高な理念に基づき活動を行っている。

以上の経緯を年表にしてまとめたものが図表6-1である。

課　題

（1）GEのIR部門設置の詳しい経緯について述べた三和裕美子氏の「企業のInvestor Relations活動の目的──GE社における導入の背景」明大商学論叢（第82巻第1号、2000年、268-284頁）を参照し、同社の当時のIR活動について調べてみよう。

（2）1960年代に行っていたGEによるIR実践を現在のものと比べてみよう。日本IR協議会発行の「IRベーシックブック」などを参照しながら検討せよ。

（3）アメリカのNIRI設立前史および設立（1971年）から25年間の歴史を綴った書（Morrill, Dewitt C. [1995] *The Origins of NIRI－Tiniest of seeds the mustard is But giant grows the plant-in honor of the 25*th *anniversary of NIRI*, NIRI.）を読み、アメリカのIRオフィサーの活動の歴史を経済環境の変化と関係づけて観察してみよう。

（4）NIRIのサイトに入りNIRI自体がどのような活動を現在行っているかを観察してみよう。

章末注

1）AMA [1957]

2) Morrill, Dewitt C. [1995] p.24
3) Cultip, Scott M. [1952] p.88
4) 詳しい内容については、北川哲雄 [2000] 第5章を参照のこと。
5) Morrill, Dewitt C. [1995] p.27
6) Saxon, O. Glenn, Jr. [1963] pp.128-129
7) Saxon, O. Glenn, Jr. [1963] p.126
8) Morrill, Dewitt C. [1995] p.34
9) Morrill, Dewitt C. [1995] p.36

第 7 章
わが国における IR の発展について
～2 つの企業のケースについて考える

わが国における IR の黎明期はいつか

　IR についての本格活動はアメリカでは 40 年近い歴史がある。それに対して日本 IR 協議会の発足は 1993 年であるので、日本ではここせいぜい 17 年程度の浅い歴史しかない、と見ることもできる。

　しかし、これは NIRI とか日本 IR 協議会に関しての設立年次からの判断であって、本来の IR 活動（IR と必ずしも呼ばれていない時代も含め）がいつ起こり、どのように内容が変化してきたかは、実は頼るべき文献に乏しい（もしくは筆者の調査が足りないのかもしれないが）。以下は筆者の感覚的な理解での話ある。

　ここで IR 活動とは何かという議論はさておき、証券会社に所属するアナリストが企業の経理部や広報部を訪問し、情報を得るという行為は、1990 年代以前から、極端に言えば、野村證券の場合、第二次大戦前から行われていた。個人投資家の道標として有名な、歴史ある東洋経済新報社の四季報も起源をたどれば戦前からある[1]。

　しかしながらアナリストや機関投資家向けのインフォメーション・ミーティングについて 1980 年代前半までで開催していたのは、当時ニューヨーク証券取引所に上場している企業を中心として、ほんの一部であった。しかし、これ

らの会社も筆者の記憶では、ニューヨーク等の海外において定期的にインフォメーション・ミーティングを行っているのみであったと記憶している。もっとも海外の機関投資家を中心にロンドン、ボストン、ニューヨークから日本株の将来性を見込み個別企業訪問をするという事態はかなり普遍化していた。そういう意味では海外機関投資家との one on one meeting は既に 1980 年代前半までにおいてかなり盛んであったと見ることができる。

1980 年代前半の状況

　余談になるが、当時の外資系機関投資家の中の一部のポートフォリオ・マネジャーには、半ば観光気分で訪問する不心得な者がいなかったわけではない。例えば週末を京都に過ごし、月曜日午前中に京都の企業訪問、午後、ワイン付のフルコースを食したのち大阪の会社へというコースをたどることが往々にしてあった。セルサイド・アナリストであった筆者にとって彼等は当時、顧客であり、事業会社に連れてゆき通訳をするというのが役目であった。

　赤ら顔で、時差の関係で寝ぼけ眼の不心得者と A 社（ニューヨーク上場企業）を訪問した時、A 社の B 広報部長が烈火のごとく怒り、「すぐに帰ってくれ」といったのを思い出す。間に入るブローカーのアナリストとしては取り成すところであろうが、B 氏の見識に惚れ惚れしたのを今でも覚えている。

　ある意味、有力な顧客を失うという意味で、B 氏の行ったことは非難されるべき事かも知れない。もし、そのポートフォリオ・マネジャーが巨額の資金を運用しており、保有していた A 社の株を売却することになれば、株価は暴落する可能性もあるからだ。しかし、そのような理由で売却した株式ならば、ファンダメンタルズ・バリュー上割安感があれば、他の真っ当な機関投資家が「買い」に回るはずで、市場参加者を信頼して任せておけば良いのである。

　事実、不手際を謝罪しに言ったとき、B 氏は筆者に「お互い、真剣に、威厳を持って働こうよ。これでもって彼等が我々の株を売却しても何も怖くない。最低限のビジネスマナーも持てないポートフォリオ・マネジャーに保有してもらう必要は全くない」と。

第7章 わが国におけるIRの発展について～2つの企業のケースについて考える

　筆が滑って申し訳ないのだが、セルサイド・アナリスト時代のもう1つのエピソードを紹介したいと思う。IR部長として忘れがたいのは医薬品大手企業C社のD氏である。

　筆者は1984年から当業界を大阪の調査部にて担当し始めたが、C社のIR体制はその当時の日本企業の中で出色のものであった。ニューヨーク上場をしているわけではなかったにもかかわらずである。2つ理由があったと思う。

　第1は同社自体が海外展開を急拡大する時期にあたっており、海外市場からの資金調達を意識していたこと。第2はD氏の個性にあったと思われる。

　IRという言葉が普及していなかったにもかかわらず、彼のやっていた活動は今日の敏腕IRオフィサーそのものであった。しかし、一点、今日のIRオフィサーと異なる点があった。

　十分に勉強をしないセルサイド・アナリストに対して非常に厳しかったという点である。医薬品セクターの担当は、薬学部出身でない限り、新たな担当をアサイメントされたアナリストにとって大変ハードルの高いセクターである。文科系学部出身の小生も御多分に洩れず、悪戦苦闘したわけであるが、筆者の場合、親切にいろいろ教えてもらったという記憶しかない。

　当時筆者の勤務した証券会社（正確には、調査部門が分離した子会社）の大阪調査部は大阪大手医薬品企業のメッカ道修町のすぐ近くにあり、何とかしなければという思いもあり、大手と呼ばれる企業には週に1度くらいのペースで頻繁に訪問し、お付き合いいただいたことを覚えている。今から思えば、贅沢な時間の使い方である。最初は大学の薬学部で使用する基本テキストから少しずつマイペースで勉強していったことを覚えている。もっともそのテキスト自体をD氏から紹介されたのを昨日のように記憶している。

　D氏は残念ながら取締役になる寸前に急死されたが、彼を偲ぶ会のときに、アナリスト仲間から、その厳しさについて話を伺う機会があった。セルサイドのアナリストは、特にバイサイドのアナリストがそれほど充実していない当時にあっては、非常に市場に対する影響力を持つ存在であった。それ故、傍若無人な振る舞い、時に、自分の不勉強を棚に上げて高圧的に情報提供を迫る不心得者が一部アナリストの中にいたことも確かである。

多くのIRオフィサーは、このような人に対し、変に関係がこじれて、悪意に満ちた投資レポートを作成されては困るとの配慮から、心の中では舌打ちしながら当たらず障らず接していた方も多かった。しかしD氏の場合は容赦なかったようである。私のいた会社ではないが、ある証券会社のアナリストにつき、その不勉強さと傲慢さに立腹したD氏は、東京に戻り東京地区の医薬品担当をしている同社の前任者に対し、「貴方のしつけが悪い」と苦言を呈したそうである。読者の皆さんは、このエピソードをどう思われるであろうか。筆者は当然のことと思う。アナリストとしては、既に公表された情報に対して、真摯に予習した上でIRオフィサーにコンタクトするというのは最低限の礼儀であるからだ。

閑話休題。さて筆者は1981年にセルサイド・アナリストとしてのスタートを切ったが、当時アナリスト機能を本格的に持っていたのは四大証券と言われる企業のみであった。即ち、実はアナリスト自体が新日鉄のような大企業においても4人（準大手と呼ばれる企業のアナリストがその後増えたがそれでも80年代中葉までで数人の増加に過ぎなかった）しかいないというのが現実であった[2]。

四社会というインフォーマルな組織があり、決算発表時に経理部長を囲む会があり、それが今で言うスモールミーティング兼インフォメーション・ミーティングであった。まことにさびしい限りではあるが、反面、経理部長を囲み、とことん業績結果・業績予想について議論できたことを良く覚えている。もちろん決算時を除くと個別訪問（one on one meeting）も盛んであった。経理部長にしても、忙しいとはいえこの程度の人数であれば対応可能であったし、当時は大手4社のブロカレージビジネスにおける市場シェアは非常に高かったので、ある意味セルサイド・アナリストの地位は非常に高かったとも言える。このような点からわかるように、わが国においてIRという部署をわざわざ企業が創設する必要などなかったのである。しかし、1980年代中葉以降、株式市場の活況化と外資系証券会社の参入、外人投資家の台頭によってアナリスト事情は一変する[3]。

松下電器産業（現パナソニック）のケース

　しかし、これまでの状況は、海外上場、とりわけニューヨーク上場を果たしている企業の場合はまったく異なる。詳しくは松下電器産業（現パナソニック）で長らくIRオフィサーを務められた本多淳氏の名著（『「企業価値」はこうして創られる〜IR入門〜』[4]）を読んでいただければ当時の活動が余すところなく描出されているが、ここではその一端を紹介しよう。

　本多氏は1977年にニューヨークにIRオフィサーとして赴任することになったが、赴任直後、アナリストから様々な洗礼を受けたことが記されている。

　「会社側の説明に対して、彼ら（アナリスト；筆者注）は、それは意味があることなのか（Does it make sense?）と質問をしてくる」[5] ことに驚いたと、氏は記している。彼らの方が、同業他社比較を踏まえ客観的に見ることができるせいもあると思うが、とにかく会社側の説明に何か論理的でないものを感じると、ズバリこのような質問が返されハッとしたことが多かったと述べている。

　同時に氏は「アナリストの仕事は詰まるところ、一株当たり利益をいかに正確に予想することだ」[6] と教えられたと述べている。それ故、定性的な情報でアピールできる一般広報と異なり、IR活動には常に冷徹な定量的情報がつきまとうという点が大きな違いであるとも氏は指摘している。その場しのぎの曖昧な情報開示ではごまかしがきかないところがまことに厳しいとも述懐しており、ともかく、それまでそれなりに日本で通用していたIR活動とは彼我の格差があると感じたとも記している。

松下電器産業の情報開示哲学

　松下電器産業は日本証券アナリスト協会によるディスクロージャー評価において、過去、セクター内で常に上位にあった。このような評価はどこから生まれたものなのか。本多氏の著書を読み進むうちに同社の情報開示哲学といったものに触れる箇所があった。それを抜き出してみよう。筆者の見るところ3点

が指摘されているように思われる。

　第1点は「総合的アートそして超・長期的な視点としてのIR」という考え方である。本多氏は著書の中で以下のように述べている。

　「私見によればIRはいろいろな要素からなる総合的なものである。かつて松下電器の創業者である松下幸之助氏が、経営は総合芸術であると述べている講話を聞いたことがあるが、創業者の言葉を借りれば、IRもまさに総合芸術と言えるのではないか。投資家とのコミュニケーションにおいて自社の経営を的確に説明し、企業価値を評価してもらうためにはどうしたらよいのか、全体を構想し、様々な要素を考えながら創造性をもって作り上げてゆく。そういうものであろう。」[7]

　そしてそのための重要な前提として、「（私は）IR活動は超・長期的なものと指摘したい。十年、二十年、三十年と長期的・継続的に説明責任を実践し、その積み重ねにより投資家から絶対的な信頼を得る。地味でもよい。松下電器でよく使われるスーパー正直の概念がより近いと思うが、長期間にわたり真面目に継続的にIRを実践していけば、投資家の間では、そのこと自体が会社への信頼というブランド価値を賦与することになるのでは」[8]と述べている。これが松下電器産業のIRの基本姿勢と言えよう。ブランド価値というものは一朝一夕でできるものでなく、このような基本姿勢を持っていることが高評価の遠因の1つとなっていると言えよう。

　第2点として指摘されるのは、説明責任の徹底という観点である。

　「義務的な情報開示はあくまで企業の最低限の説明責任に過ぎず、IRはもっと積極的な意味での説明責任を果たしていかなければならない。…貴重な資金の提供者には常に経営の内容を明らかにすることにより、会社に対する理解を得、高い信用を保って、さらに幅広い資金調達についての支持を得ることが大切である。」[9]

　この説明責任を果たすという考え方はIR活動の根底になければならず、この当たり前のことを常に噛み締めて日々のIR活動を行うことの重要性を本多氏は著書の中で他の箇所でも力説している。

　「説明責任は英語で言えば、accountabilityとなるが、語尾に-abilityとつ

第7章 わが国におけるIRの発展について〜2つの企業のケースについて考える 75

くからには・説・明・で・き・る・こ・と・と解することができる。これを裏返せば説明できない経営をするなということにも通じる。」[10] とも述べている。長年、IRオフィサーとして活躍され理論家として鳴らされた方ならではの言葉ではないか。筆者が同じようなことを講演会で述べるのと、本多氏が仰る言葉とでは重みが全く違うのである。

第3点は「公聴機能」である。

「上場公開企業にとってのIRの効用の一つは、アナリストや投資家との双方向のコミュニケーションを活かし、それを経営層にフィードバックして、それをもって経営やIR活動そのものの高度化に繋げるということである。これをIRの公聴（public hearing）機能と呼ぶことができる。」[11]

こうした公聴機能を持ったIR活動を展開することは、資本市場から経営を監視していることになり、そこに一種のコーポレートガバナンス効果が働くと見ることも可能である。このような機能に着目してきたのは日本証券アナリスト協会で行われているアナリストによるIR評価である[12]。図表7-1は2009年度の民生用エレクトロニクス部門の評価表である。ちなみにパナソニック社はすべての項目で1位となっている。

図表7-1 平成21年度 ディスクロージャー評価比較総括表（民生エレクトロニクス部門） （単位：点）

順位	評価対象企業	総合評価（100点）	1．経営陣のIR姿勢、IR部門の機能、IRの基本スタンス 評価項目6（配点30点）		2．説明会、インタビュー、説明資料等における開示 評価項目8（配点36点）		3．フェア・ディスクロージャー 評価項目5（配点15点）		4．コーポレート・ガバナンスに関連する情報の開示 評価項目2（配点10点）		5．各業種の状況に即した自主的な情報開示 評価項目2（配点9点）		昨年度順位
			評価点	順位	評価点	順位	評価点	順位	評価点	順位	評価点	順位	
1	パナソニック	77.7	23.9	1	28.7	1	14.3	1	8.1	1	2.7	3	1
2	シャープ	72.1	22.7	2	26.1	3	14.3	1	5.9	4	3.1	2	4
3	船井電機	71.2	21.1	3	26.5	2	14.0	3	6.1	2	3.5	1	5
4	ソニー	68.2	19.6	5	26.0	4	13.9	4	6.0	3	2.7	3	3
5	カシオ計算機	62.8	20.9	4	24.2	5	10.9	5	5.5	5	1.3	5	6
	評価対象企業評価平均点	70.4	21.6		26.3		13.5		6.3		2.7		

（注）評価対象企業各社の総合評価点の標準偏差は、本年度は5.5点、昨年度は7.2点であった。

日本電産のケース

　次に、コーポレート・ガバナンスに対し、投資家・アナリストがどう評価しているかについて触れてみたい。図表7-2は電子部品セクターの評価である。このセクターでは、近年、日本電産株式会社が抜群の高い評価を得ている。
　この欄で注目されるのは、「1．経営陣のIR姿勢等」と「4．コーポレート・ガバナンスに関連する情報の開示」である。
　1に対するアナリスト側の評価として
　「経営陣のIR姿勢においては、社長が必ず説明会に出席して、会社の将来像を明確に示す等、投資家の目線に立った積極的なIRへの取り組み姿勢が極めて高い評価を受けた。またIR部門に十分な情報が蓄積され、アナリストが要望する情報を提供している点や、担当者と有益なディスカッションができる等、同部門の機能が充実していることも極めて高く評価された。加えて低収益の事業等についても積極的な開示を行い、業績動向にかかわらずIR姿勢が一貫している点も高い評価を受けた」[13] とある。

図表7-2　平成21年度　ディスクロージャー評価比較総括表（電子部品部門）　　　　　　（単位：点）

順位	評価対象企業	総合評価（100点）	1．経営陣のIR姿勢、IR部門の機能、IRの基本スタンス 評価項目6（配点30点）		2．説明会、インタビュー、説明資料等における開示 評価項目8（配点36点）		3．フェア・ディスクロージャー 評価項目5（配点15点）		4．コーポレート・ガバナンスに関連する情報の開示 評価項目2（配点10点）		5．各業種の状況に即した自主的な情報開示 評価項目2（配点9点）		昨年度順位
			評価点	順位	評価点	順位	評価点	順位	評価点	順位	評価点	順位	
1	日本電産	87.7	27.9	1	31.3	1	14.5	1	8.3	1	5.7	1	1
2	TDK	73.8	23.2	2	27.4	3	14.0	3	6.5	3	2.7	3	2
3	京セラ	69.4	21.3	4	25.8	5	14.1	2	5.8	6	2.4	4	5
4	イビデン	69.3	22.9	3	30.6	2	8.2	5	6.7	2	0.9	8	3
5	村田製作所	66.3	19.6	5	26.8	4	11.4	4	6.5	3	2.0	6	4
6	日東電工	60.6	18.5	6	23.9	7	8.0	6	6.0	5	4.0	2	6
7	アルプス電気	55.0	16.1	7	24.4	6	7.7	8	4.7	8	2.1	5	7
8	ローム	49.7	13.1	8	21.8	8	8.0	6	5.8	6	1.0	7	8
	評価対象企業評価平均点	66.4	20.3		26.5		10.7		6.3		2.6		

（注）評価対象企業各社の総合評価点の標準偏差は、本年度は11.8点、昨年度は10.8点であった。

IRの理想を具現化しているかのような評価である。アナリスト・投資家の望む情報とは何かをよく汲み取っているとも言えよう。ベテランアナリスト（3年以上担当していないと評価対象者にはなれない）によるものであり市場の監視者として最も適切な人々であることを考えると極めて正当なる評価と見てよいであろう。特にアナリストらしいなと感じたのは、「低収益の事業」について積極開示していることを評価している点である。得てして、企業の中には、低収益の事業や業績全体が悪化傾向にあるとき、アナリストからの集中砲火を恐れ、また社内外のステークホルダーへの配慮から、非常に曖昧にお茶を濁すようなことが多いが、そのようなことがないと指摘しているわけである。

　また後者の「4．コーポレート・ガバナンスに関連する情報の開示」については「中期経営（目標とする経営指標等）を公表し、その後の進捗状況、達成のための具体的方策を説明していることが極めて高く評価された」[14]　と記されている。

　一般の読者は、中期目標を公表し、その後のフォローを示すことが、何故「コーポレート・ガバナンス」の評価に結びつくのかと、不思議に思うのではないか。

　日本電産株式会社の場合、監査役設置会社であり、5名の監査役中、4名は社外監査役であるが、社外取締役は9名の取締役中ゼロ（平成21年3月現在）である。社外取締役の人数をコーポレート・ガバナンスが充実していることの証左とする一部論者から見れば、とても高評価が受け入れられるとは思われない。

　しかし、アナリストおよびポートフォリオ・マネジャーから見れば、ガバナンスとは形式的なものを満たせばよいということではない。既に、NIRI基準を検討した章で見たとおり、日ごろ経営者が株主・投資家と綿密なコミュニケーションをとっていることも市場におけるガバナンスが働いている条件の1つとも解釈できるのである。

　ちなみに、日本証券アナリスト協会のアナリストによる「4．コーポレート・ガバナンスに関連する情報の開示」に関する評価項目として挙げられているのは、「（1）資本政策、株主還元策の開示～資本政策、株主還元策が十分に説明

されていますか、(2)目標とする経営指標～中・長期経営計画(目標とする経営指標等)を公表し、その後の進捗状況・達成のための具体的方策が十分に説明されていますか」[15]となっている。

　ガバナンスに対する評価とは要するに、投資家・アナリストに対し、経営者が自らの言葉で、経営目標、そのための経営政策・経営課題・資本政策等を間断なく「説明」するかどうかで判断するのである。どんなに制度上の様式が整っていても、実質(substance)が伴っていなくては何にもならないということなのである。

　事実、同じ電器・精密機器に属する企業で、いち早く委員会設置会社に移行し、形式的ガバナンスシステムにおいて高評価を得ている企業であっても、アナリストによるこの項目の評価が最下位に近い企業もあることに注目したい。改めてガバナンスに関する問題を安易に議論することの危うさを感じる次第である。

　ちなみに、日本電産株式会社の有価証券報告書(平成21年3月期)に以下のような記述がある。

　「当社のグループコーポレートガバナンスの目的は、企業の誠実さを確立した上で、社会の信頼を獲得し、高成長、高収益、高株価をモットーとした持続的な企業価値の拡大を図ることにあります。このために、内部統制の維持、強化を図ることであります。このために、内部統制の維持、強化を図ることにより経営の健全性・効率性を高めるとともに、情報開示の充実に努め、経営の透明性を高めております。」[16]

　以上は、コーポレート・ガバナンスに関する基本方針であるが、社外取締役が選任されていないことの理由について下記のような記述がある。

　「社外取締役は選任されておりませんが、有能な人材を広く社外から採用しており、その中から経験豊富な実行力のある人材を数多く取締役に登用し、経営判断に多様な視点を反映させております。加えて、積極的なIR活動を通じた情報開示により、当社の経営が適正かつ効率的に行われているかを直接株主にご判断いただくとともに、株主からの要望等を経営層へフィードバックすることにより、株主の視点を経営に反映させるよう心がけていま

第 7 章　わが国における IR の発展について～2 つの企業のケースについて考える　79

す。」[17]

　また情報開示の基本姿勢について述べた件の中で
「開示検証委員会が開示の必要性及び内容の適法性・適切性の検証を行うとともに、積極的な IR 活動を通じ、株主からの要望等を経営層へフィードバックすることにより、株主の視点を経営に反映させるように心がけます。」[18]

　これらのことが有価証券報告書の文言だけであれば、アナリスト評価は高くなるまい。実が伴っているからこそ高評価を得ているのだと言えよう。

　以上、わが国企業の中で松下電器産業（現パナソニック）と日本電産のケースを見てきた。IR のあり方について、優れた IR 実践を行っている企業は昔も今も基本理念は変わらないということを読者は理解されたと思う。また、その基本理念は経営層の実践によって担保されることも判明した。既に紹介したとおり、能書きだけであるとすれば、DOG＆PONY SHOW に過ぎないのである。

課　題

（1）本章で取り上げた B 広報部長および D・IR 部長の取ったアクションに対しあなたはどう考えるか。

（2）1980 年代中葉に外資系証券会社の参入が一斉に起こり、国内大手 4 社体制は大きく崩れることとなった。
　①なぜ、その頃一斉に参入が可能になったのか
　②大手 4 社体制は何故もろくも崩れ去ったのか。

（3）最新の「証券アナリストによるディスクロージャー優良企業選定結果」（日本証券アナリスト協会のサイト）の中で、自分が興味をもつセクターの中から、「コーポレート・ガバナンスに関連する情報の開示」の欄に着目し、その中でトップクラスの企業 1 社と下位レベルの企業を取り上げ、実際のガバナンスに関する企業行動を比較してみよう。

（4）議決権行使会社は企業のコーポレート・ガバナンス評価を行い、議決権行使にあたる指針を示している。
　①まず、議決権行使会社にはどのような会社があり、そのビジネスモデルは

何かについて調べよ。
②議決権行使会社がコーポレート・ガバナンスの充実に対する評価基準として「社外取締役」の有無および人数を挙げている。この点に関し、アナリストの評価は異なるようである。あなたはこの問題をどのように考えるか。

(5) 上場会社を見渡した場合、日本企業の統治システムとして「監査役設置会社」と「委員会設置会社」に分かれる。
①このように2つのシステムが併存するようになった歴史的経緯について述べよ。
②監査役設置会社において上場企業の場合、過半以上の「社外監査役」の設置を義務付けられている。一部の論者は、これによって外部識者によるガバナンスが働いている証左としている。あなたはこの見解に対しどう思うか。

章末注

1) わが国証券会社の調査部の歴史については、小林和子［1993］を参照のこと。
2) この点の詳細は、北川哲雄［2004-a］49-55頁
3) 北川哲雄［2004-a］56-60頁
4) 本多淳［2005］
5) 本多淳［2005］116頁
6) 本多淳［2005］121頁
7) 本多淳［2005］96頁
8) 本多淳［2005］118頁
9) 本多淳［2005］121頁
10) 本多淳［2005］89頁
11) 本多淳［2005］134頁
12) 日本証券アナリスト協会［2009］43頁
13) 日本証券アナリスト協会［2009］36頁
14) 日本証券アナリスト協会［2009］37頁

15）日本証券アナリスト協会［2009］44頁
16）日本電産株式会社有価証券報告書［2009］61頁
17）日本電産株式会社有価証券報告書［2009］60頁
18）日本電産株式会社有価証券報告書［2009］62頁

第 8 章
会計情報開示の変遷と IR 政策

　本書は会計情報開示の変遷を詳しくたどることを意図しているものではない。それに関しては優れた専門書が多数ある。ただし、アナリスト・投資家の観点から会計情報開示の変遷が、彼らの投資分析にいかなる影響を与えてきたかを認識することは IR オフィサーとして意義があろう。本章は専らこの視点に焦点をあてて述べることにする。

　日本の会計情報開示はこの 15 年ほど、とりわけ 1998 年に橋本内閣時代に宣言されたビッグバンを期して大きく変わったと言われる。確かに筆者のアナリストの経験から見て 1980 年代までの日本の会計情報はかなり米国に比べて遅れをとっていたと言わざるをえない。

　米国基準でそれ以前から制定されているものが日本ではなかなか導入されなかったと記憶している。導入が遅れた点については様々な理由があると言われるがここでは論議を避けよう。

　いずれにしろ 1998 年の会計ビッグバン以降、日本の会計基準の歩みをスピードアップさせたことは大きな意味を持っている。外国人投資家がエクスポージャーを高めるなかで、資本市場と会計基準はグローバル化へ収斂されてきている。今後は、国際分散投資の世界における投資評価は TOPIX のなかではなく、MSCI アジア INDEX のなかで行われるようになるのではないか。そうであれば、ビッグバンはあって良かったということになる。

　このあたりの状況は、1980 年代から 90 年代にかけての英国の事例と似てい

る。87年のロンドン（シティ）のビッグバンによって、英国株と大陸欧州株を分けずに欧州株として捉える考え方が浸透した。ヨーロッパで会計基準の統合化（いわゆる IFRS, International Financial Reporting Standard への収斂）には資本市場の統一化が前提としてあったことも影響していると思われる。

会計ビッグバンで失ったものも大きい

　それでは会計ビッグバンを遂行した後、投資家・アナリストにとって有用性が増したばかりかというとこれはなかなか複雑なものがある。

　まず、わが国における連結決算中心主義への移行に即して考えてみよう。これは2000年3月期から本格導入されたが、アナリストから見るとまことに遅きに失した感があった。これによって遅まきながら会計情報は飛躍的に充実したわけであるが、実は失ったものも大きい。極論すればディスクロージャーの退化とも言える変化もあったと考えている。

　例えば、単独決算にあった製造原価報告書がなくなってしまった。周知の通り、固定費・変動費分析にはこの情報が不可欠である。売掛金・買掛金の取引先明細もなくなった。ただし、幸いなことに親会社財務諸表（単独財務諸表）の開示は有価証券報告書において今日でも求められており、片鱗を知ることができる。

　連単倍率が低く、かつ投資分析上、それほど障害がない場合においては、問題がない。しかし、連単倍率が高かったりすれば単独財務諸表はほとんど意味をなさないという場合も多い。ましてや持ち株会社化（ホールディング会社化）してしまい、単独財務諸表自体の開示がかなり省略されてしまった場合もある。

　それを補うために「セグメント情報」の充実があるではないかという主張も情報開示側からある。欧米の情報開示においても、自主的開示のもとでも、製造原価報告書の開示はまずないと見てよい。大げさに言えば日本が最先端を行っていたわけであるから残念なことである。

　図表8-1は、あるビール会社の単独決算における製造原価報告書である。この会社の場合、連単倍率が低く大変参考になる。

図表 8-1

製造原価明細書

区　分	注記番号	前事業年度 （自　平成19年1月1日 至　平成19年12月31日）		当事業年度 （自　平成20年1月1日 至　平成20年12月31日）	
		金額 （百万円）	構成比 （％）	金額 （百万円）	構成比 （％）
Ⅰ　原材料費		124,266	67	142,225	69.7
Ⅱ　労務費		10,844	5.9	11,427	5.6
Ⅲ　経費	※	50,371	27.2	50,519	24.7
当期総製造費用		185,482	100	204,173	100
半製品期首棚卸高		9,234		9,583	
合計		194,717		213,756	
半製品期末棚卸高		9,583		9,363	
当期製品製造原価		185,133		204,392	

	前事業年度	当事業年度
※経費のうち主なものは次のとおりです。		
減価償却費	25,301 百万円	26,138 百万円
電力料	2,197 百万円	2,154 百万円

原価計算方法
　当社の製造作業は同種の製品が数個の工程によって連続的に多量生産されているので、工程別総合原価計算を採用しています。

証券取引法の気高い精神と税法の呪縛

　実は、日本においてはこのように世界に誇ってよい、広い意味での会計情報開示の歴史がある。「経営者予想」の開示もそうである。これは東証において決算短信の提出を義務化したときに慣例化したもので、決算短信は1956年から一般化したので、かなりの歴史がある。

　現在でも一部企業を除きほとんどの企業が「経営者予想」を開示しているのは、そのような経緯があるためである。このようなことがなぜ起きたか。

　起源は1948年の証券取引法の施行までに遡ると思われる。同年に出された有価証券報告書届出書の作成要領として

　「制度（すなわち、証券取引法に基づく開示制度──筆者注）の趣旨を十分

に理解して、進んで投資判断の資料を提供するという心持をもって作成すること」[1]となっている。(傍点筆者)

このことをもって、これはあくまで建前であったという議論を持ち出す人もいるかもしれない。しかし1940年代末からあるいは1950年代中葉にかけての会計専門誌における座談会での大蔵省(当時)企業財務課を中心とする担当官の情報開示制度に関する説明は情熱溢れるものであったと記憶している。終戦後まもない証券民主化の流れの中で、米国の1933年証券法・1934年証券取引法を踏まえた情報開示制度創設の意気込みがあったためであろう。

その帰結として、当時の米国の開示制度以上に過激とも言える要求が盛り込まれたのではないかと筆者は推測している。

とは言え、やはり痛恨とも言えることは確定決算主義の容認である。このことの功罪は色々あるが、法人税法が逆に企業会計における会計処理を規定してしまうという「逆基準性」の存在を認めてしまったということである。

雑駁な言い方をすれば、減価償却の方法、償却年限、各種引当金の設定方法などは、本来の企業会計上、経済的実勢に併せて設定するというよりも税法基準での限度額を拠り所(その会計処理を企業会計側も認める)にして会計処理を行うことが可能であるということである。この点は、本来のあるべき期間損益の認識を歪めるばかりか、貸借対照表の一定項目の意味も空疎にするものであった。

筆者はかつて、このような状態を指して「税法の呪縛」[2]と称したことがあるが、当時の多くの企業の経理部長の方には失笑を買ってしまったことがある。そういう意味で、連結決算や税効果会計の導入にしても長らく気合が入らなかったのは本格的な「連結納税制度」が導入されていないことも大きく影響していたと思われる。

であるから、海外企業を分析してきた外国人アナリストから見て、日本の連結決算を分析すると非常に奇異なことが多いという。

図表8-2はある日本の大手エレクトロニクスメーカーの2008年3月期の連結損益計算書である。売上高11兆2267億円で営業利益は3455億円である。税引前当期純利益は3248億円である。ここまでは何ら不思議はないが、法人

税等が2721億円（税効果会計はすでに導入されている）で最終当期純損失が581億円というのは、一体なんだということになる。読者はその理由がおわかりになるであろうか。

　実行税率（法人税等／税引前当期純利益）は83.7%である。

　これは連結決算制度を敷き、かつ連結納税制度が確立していない場合においては、親会社あるいは連結子会社の中に、赤字会社が混在していることを意味している。簡単な事例を考えてみよう。今、親会社が税引前損失100億円、5社の子会社（51%出資）のうち4社が税引前当期純利益100億円、個別実行税率40%。残りの1社が税引前損失100億円と仮定しよう。この場合、連結税引前利益は200億円、法人税等160億円、実効税率80%となる。そしてここで5社の5会社の出資比率が51%であることに考慮し、少数株主持分を計算すると78.4億円（160×0.49）となる。そうすると最終損益は38.4億円（200－160－78.4＝－38.4）の損失となる。図表8-2の損益計算書を非常に雑駁に説明すると以上のようなものになるのではないだろうか。

　このように日本の会計制度や一部日本企業のグループ政策は非常に独特である。非常に優れたところもあるがそれは、他国の人に理解されるところではない。このことを筆者は大げさな言い方ではあるが「日本の悲劇」と呼んでいる。外人投資家の中には日本のこのような会計制度の特質・経緯を理解している人は皆無と言っていいだろう。悪い面だけをいつも取り出される。本当に悔しいことである。

欧米企業が及ばない自主開示を進める日本企業も

　今述べた日本の悲劇はこれにとどまらない。やはり、かなり遅れて導入した「セグメント情報」においても、現状では、欧米の企業も及ばないほどの自主開示を進めている会社が日本にはある。図表8-3を見ていただきたい。ここには地域別・事業部門別マトリックスセグメント情報が開示されている。アナリストにとっては、地域別と事業部門別が単独でわかってもあまり意味がない。それらをマトリックスにして初めて意味を持つ。先進的な事例の1つと言える。

図表 8-2
比較連結損益計算書

(単位：百万円)

科　　　目	2007年3月期 自 2006年4月1日 至 2007年3月31日	2008年3月期 自 2007年4月1日 至 2008年3月31日	前期比
			%
売　　上　　高	10,247,903	11,226,735	110
売　　上　　原　　価	8,088,371	8,777,657	109
販売費及び一般管理費	1,977,020	2,103,562	106
営　　業　　利　　益	182,512	345,516	189
営　業　外　収　益	102,987	165,133	160
（受取利息及び配当金）	(31,977)	(37,532)	(117)
（　雑　収　益　）	(71,010)	(127,601)	(180)
営　業　外　費　用	83,161	185,867	224
（　支　払　利　息　）	(37,794)	(42,448)	(112)
（　雑　損　失　）	(45,367)	(143,419)	(316)
税引前当期純利益	202,338	324,782	161
法　　人　　税　　等	162,814	272,163	167
少　数　株　主　持　分 控　除　前　利　益	39,524	52,619	133
少　数　株　主　持　分	72,323	110,744	153
当期純利益（損失）	△32,799	△58,125	―

長期投資家も四半期決算を軽視していない

　次に 2007 年度からわが国において導入された四半期開示制度について触れてみる。四半期決算の功罪をどのように考えるか。功としてよく言われているのが、ターンアラウンド・マネジメントが可能であるという点である。つまり、

図表 8-3　地域・事業マトリックス（FY2008）

億円 (100million yen)

FY2008 区分 Business	日本 Japan 売上高 Sales	日本 営業利益 OP	アジア Asia 売上高 Sales	アジア 営業利益 OP	アメリカ Americas 売上高 Sales	アメリカ 営業利益 OP	ヨーロッパ Europe 売上高 Sales	ヨーロッパ 営業利益 OP	消去 Elimination 売上高 Sales	消去 営業利益 OP	合計 Total 売上高 Sales	合計 営業利益 OP
ガラス Glass	2,460	-52	957	27	1,097	-47	3,431	263	-533	-4	7,413	187
電子・ディスプレイ Electronics & Display	3,105	799	2,386	478	46	2	0	0	-1,810	-13	3,727	1,266
化学 Chemicals	2,195	-17	793	58	140	6	122	-6	-218	-3	3,031	39
その他 Others	934	48	56	7	4	-5	4	0	-32	-0	966	50
消去 Elimination	-585	-1	-2	-0	-6	0	-5	0	-96	0	-694	-1
合計 Total	8,108	777	4,191	569	1,281	-44	3,553	257	-2,690	-20	14,443	1,540

経済情勢の変化の兆候をいち早く見つけることができるようになるというのが功の最たるものである。金融セクター担当のアナリストの中には 1998 年当時に四半期開示制度が定着していれば、金融恐慌はもっと軽微に済んだのではという仮説を持っている人がいる。どれほど軽微で済んだかは議論があるとして、検証するに値するものではないか。

　一方、罪の方では、投資スタンスにおける短期主義・結果としての株価の高ボラティリティを助長するという見方が挙げられる。

　四半期決算の情報をアナリスト（セルサイド）はどう分析するのだろう。律儀に四半期予想を開示している企業もあるので、通期の予想は、7月、10月、1月と、四半期決算を踏まえながら変わっていく可能性がある。「Q on Q」（四半期毎）と「Y on Y」（年次毎）の業績推移を組み合わせたような分析を行っているアナリストもいる。企業やアナリスト自身のコンセンサスを判断する機会が増えたわけである。そこで筆者が懸念しているのが、いわゆる EPS（1株当たり利益）シンドロームに陥るアナリストが増えているのではないか、また、それに振り回される企業も同様に増えているのではないかということである。

　しかし、ここで誤解してはいけないのは、長期志向の投資家が四半期決算を

軽視しているわけではないということである。ある四半期に会社の長期的な趨勢を決める重要な意思決定をするかもしれないし、その兆候がほのかに見えるかもしれない。企業が四半期決算で情報開示をきちんとすることは、長期志向の投資家にとっても大きな意味を持っていることもある。これは企業側も間違えないでほしいところである。

四半期決算を能動的に活用するケースが増える

　四半期決算は確かにアナリストに対する開示頻度・項目を増やしている。期初に中間期・通期の経営者予想が発表されると、すぐに第1Q決算である。ここでは、進捗率のチェックと期末の予想変更の可能性があるかどうかなども確認する。第2Q、第3Qも同様であるが、第4Qでは進捗率のチェックに次期中間期、通期の予想も行わなければならない。

　もっとも四半期決算発表の6日後に業績修正をしたり、一度上方修正した通期の営業利益をまた戻したりなど、適時開示を含めて企業側が四半期決算を意識しすぎる傾向も散見される。何のことはない企業自身が四半期開示制度に振り回されているのである。投資家が成熟してアナリストも情報介在者としての意味を理解して行動していれば、四半期決算が良い悪いとは一概に言えない。むしろ能動的に使っていくことが今後増えていくと考えられる。

　ここで、IFRS導入で予想される影響を考えてみようと思う。

　欧州では、2005年に正式にIFRSへ移行しているが、そこで起こった事例が参考になる。我々は通常、経常利益や当期純利益などの概念に慣れ親しんでいるが、IFRSでの財務諸表には異なる「利益」概念が混在することになると予想される。

　しかし、投資家は「利益」の概念は1つでいいと考えている[3]。基本的には従来からの「1株当たり利益」や「1株当たり税前利益」的な概念を基準として考えている。

　一方でこれらの利益概念の混乱は数年のうちに収斂すると言う人もいる。欧州では、移行時十分時間をとり慎重に進めたと言われている。2005～2006年

あたりの欧州企業を対象としたアナリストレポートを読むと、IFRS 移行期にどのような調整が行われたか、きちんと書いてある。それは見事なくらいである。ただ日本においても 2015〜2016 年の IFRS 全面移行時においては日本基準とのギャップもそれほどなくなり、同じような状況になるとの観測もある[4]。

一方で懸念すべき事項として指摘されるのは、柔軟性に欠ける部分があるのではないかということである。業種によっては統一のメリットが生まれるが、それがすべての業種に当てはまるのかどうかという問題がある。発生主義や実現主義、現金主義、費用収益対応の原則など、私たちが昔から慣れ親しんできた会計の基本に忠実であるような、ないような中途半端な処理のものも多い。

キャッシュフロー計算書は発生主義のデメリットを補うために生まれたわけであるが、一方で、他の計算書で売上計上基準において現金主義に近いものに統一しようとするのは、かなり無理があるのではないか。

費用収益対応の原則も厳格にやりたいのはわかるが、研究開発費の資産計上やのれん代にしても、仕分けして計上すべき資産の条件を決めていくプロセスにおいて、厳格さとは程遠いものになってしまわないか。それよりは、保守主義の原則に基づいて全額費用に落とした方がよいのではないかと思われる。ともかく、今目論まれている新 B/S や新 P/L と呼ばれているものには何かしっくりしないものが多い。

日本のディスクロージャーレベルが大幅低下する懸念

国ごとの経済成熟度や商習慣を考えないで統一化を図ろうとしている感じもする。日本で最も問題になるのは売上の計上基準であろう。例えば、家電量販店でクレジットカードで大型テレビを買ったとする。日本では買い物をした時点でクレジットカードを使うのが普通である。しかし、その時点でカードを使うのは不合理だと考える国もある。テレビが自宅へ届いてきちんと稼動した時点で初めてカードを使うべきで、家電量販店における売上の計上基準はここにあるべきだという考え方である。こういったものまで無理矢理グローバルに統一化するのはどうか。IFRS により、この基準が強制適用される可能性もある。

一方で、アナリストからすればあまりに柔軟性のある基準は困る。つまり、業種によっては統一してほしいものがあるということである。例えば、ある日本の医薬品会社の 2009 年度の売上高は 1 兆 5383 億円で、販売関係費のなかの「宣伝費」「販売促進費」は合わせて 659 億円、その売上高比率は約 4.3％になる。これが、ある同業他社では同じく売上高 8421 億円で、広告宣伝費及び販売促進費として 1098 億円が計上されている。売上高比率で約 13.0％。同じ業態、同じビジネスモデル、同じ勘定科目でこんなに大きな差異が出ることは考えにくい。現状では、こんなこともまかり通っている。まことにどちらに転んでも（統一化を重視するか柔軟性を維持するか）難しい問題を孕んでいることは確かである。

　前述の製造原価報告書ではないが、IFRS で統一される、その要件を満たしておればよいとすると、日本のディスクロージャーレベルが大幅に低下するかもしれない。これを筆者は一番恐れている。

　最後に、IFRS 導入で投資評価がどう変わっていくのかを考えてみたい。
　まずは、株価と業績に関する基本的な関係（＝セントラルドグマ）は変わらないということを述べておきたい。アナリストや投資家がやっていることは将来の利益の読み合いなわけで、株価は最終的には利益に相関すると言える。相関がどのくらいのタイムラグで出てくるかという問題はあるにしても。四半期のみならず、明日の材料に着目する人は昔もいたしこれからもいるであろう。ここで忘れてならないのは、投資家（バイサイド）の成熟という観点である。
　欧州の事例を考察すると、投資評価に大きな変化は生まれないのではないかと考えている。欧州では 2005 年の IFRS 移行後に、機関投資家へのアンケート調査を行っているが、「IFRS 導入によってあなたの投資スタンスは変わりましたか？」という質問に、約 7 割が「変わらない」と答えている。「とても変わった」が 6％ぐらいであった[5]。
　欧州の機関投資家の中に DCF（ディスカウントキャッシュフロー）をベースにした独自のバリュエーションモデルを使っている会社も多い。IFRS で財務内容開示がどう変わろうと、自分たちで組み立てたキャッシュフロー計算書

予想を見て評価するので、そう大きなインパクトがないということになる。このところのニュアンスは証券市場論や会計学を研究しているアカデミックの方々には永遠にわかってもらえないと思われることである。

もちろん、移行期にはさまざまな判断が求められると思われる。素人を惑わせるような意見を出してくるセルサイド・アナリストもいるかもしれない。

しかしそうであればあるほど逆説的な言い方になるが、投資評価上ピックアップされるのは DCF や DDM（配当割引モデル）などの伝統的評価手法であろう。そのための基本財務諸表は新 B/S、新 P/L、C/F であり、これらに対し少なくとも５～７年間の業績予想をバイサイドは行うことになる。

幸いにして、日本の IR は WEB. IR も含めて最高水準にあると、筆者は思っている。今回の IFRS 移行も、さほど大きな問題もなく行われると思われる。今後はバイサイドをかなり意識した高度な IR を行うべきであろう。

課　題

（１）米国会計基準（FASB）と日本会計基準の主なものを比較して、どのくらいのタイムラグを経て日本に導入されてきたかをいくつかの例を挙げて検証せよ。

（２）シティはビッグバンの後、欧州資本市場の中心たりえた。東京が会計ビッグバンを経て、アジア株の隆盛の中、アジア資本市場の中心たりえるであろうという意見を持つ人は内外ともに少数である。それは何故か。逆に、東京がアジア資本市場の中心になるための条件は何か。

（３）東証において経営者予想を開示するにあたり、その予想と乖離することが起きたとき、適時開示という修正することを求めている。どの程度の乖離幅があった場合に適時開示するということを定めているか。

（４）（３）につき四半期決算開示後、適時基準の範囲内の非常にマイナーな変更にもかかわらず業績予想の変更を行う企業が散見される。そのような企業の例を挙げて、なぜそのようなことが行われるのか。その理由を推定せよ。

（５）日本企業の会計情報に関する自主的開示で先進的な企業を調べ、その内

容を取り上げてみよう。

（6）IFRS導入時にDCFを採用している機関投資家の場合、投資評価においてほとんど影響を受けなかったことが本文中に書かれている。それはどのような意味と推察されるか。

章末注
1）会計全書［1964］p.186
2）北川哲雄［1983］
3）PricewaterhouseCoopers［2006］
4）北川哲雄［2010］
5）PricewaterhouseCoopers［2007］

第9章
WEB. IR 時代の情報デザイン力

　色々と勝手なことを書きなぐってきた感がある。そろそろまとめに入らなければならない。IR について同じ内容のことをダラダラ書いてきたような気もするし、一方で大事なことを書き忘れているような気がする。とりとめもない話ばかりで恐縮するばかりであるが、類書に比べ1つでも参考になることがあれば良しとしなければならないであろう。

　最後の章（9章）は、「WEB. IR 時代の情報デザイン力」と題してみた。

　日本企業の IR 活動の発展にはまことに素晴らしいものがあることはこれまで指摘してきたとおりである。しかし、あえて筆者が思う欧米のトップクラス企業との比較で、何が足りないかを最後に考えてみたいと思う。

　それは一言で言えば、「情報デザイン力」といったようなものである。かなり抽象的な言い回しであるが、この言葉が一番適切かと思う。

　この前提となるのは「コミュニケーション能力の欠如」といったものかもしれない。IR とは NIRI の定義で検討したように、投資家・アナリストとのコミュニケーションを最も効果的に行うことが要件の1つとして挙げられる。

　それではコミュニケーションを効果的に行うとはどういうことか。ここでは学問的な難しい論議はさておき、素朴に考えてみよう。要は情報を提供する相手の身になって考えるということである。想定する投資家・アナリストが企業の実態を効果的に理解できるように日々の IR 活動を行うということに尽きる。その場合、必ず、IR オフィサーから質問を受けるのは、投資家・アナリスト

にも様々な人々・関心があり、なかなかターゲットが定まらないという嘆きである。だから、どっちつかずの無難なプレゼンテーション資料が羅列されることが多いという批判を投資家・アナリストサイドからされることになる。

確かに多様な投資家がいるが、4章および5章で検討したとおり、事業会社にとって望ましい株主構成を実現するために能動的（proactively）なIR活動を行うことは可能であるし、欧米一流企業のreal intention（本音）もそこにあるに違いない。既に検討したdifferential disclosureの概念の適用もまさにそれである。

一方で、このような能動的なターゲッティングとは一歩離れた、日常的で半ば義務化しているインフォメーション・ミーティングの運営、資料の表現方法などについて、気を配らなくてもよいかというと、そうではない。

細かなことになるけれども、プレゼンテーション資料の色合い一つ、動画配信におけるCEOの服装一つにも、細心の注意を払う必要があるというのが筆者の持論である。

日本の企業と欧米の洗練された企業との一番の違いは「研ぎ澄まされた情報をいかに少ない文字・ページ数で表現しているか」についてである。日本の場合、IRの種々の表彰制度の下、最優秀と評価された企業においてでさえもこの点においては首を傾げることが多い。これは表彰する側においても情報デザイン性の良否が意識されていないことになる。

ということは筆者自身がやや偏見を抱いているのかもしれない。しかし、所詮趣味の問題かもしれないが、20枚程度のスライドで20分のプレゼン、配色に気を使い、ごちゃごちゃした説明文もなく、しかも本質を抉るものばかりである、という佇まいは、国や業種を問わず必要なものであると筆者は確信している。

昔、名映画監督小津安二郎は、「オーバーな演技などするな。隠せ。悲しかったら泣き叫ぶという俳優は要らない」と言ったと伝えられるが、美意識のない混ぜこぜ絶叫型のプレゼンテーションから、日本企業の多くは卒業する時期がきているような気がする。すなわち、余計なものを切り捨てる勇気が求められる時代であるとも言えよう。

WEB 時代の IR の課題

　以下本章では、この 7～8 年すっかり一般化した WEB.IR について焦点をあててゆきたいと思う。「投資家、アナリストにとって WEB.IR は入口であり出口である」という言い方を筆者はよくしている。
　このことの意味は、極端なことを言うと、WEB. IR とは IR のすべてを包摂（ほうせつ）するものであるということである。もちろん日々の IR 活動において、インフォメーションミーティングもあり、あるいは決算開示もあり、様々な活動があると思われるが、その活動のかなりの部分が WEB. IR を通じて一般に公知されているということが今日重要な点である。
　筆者は大学の授業で、ある企業のホームページに入り、そこで開示されている資料を駆使してどこまで投資分析ができるかという作業を学生にやってもらったことがある。
　例えばアーカイブで言うと、10 年間ぐらいの資料を揃えて、しかも投資家・アナリストが知りたい情報をコンパクトにまとめている企業があるとする。そうすると一定の財務分析力があれば、極端に言えば、経営計画について社長に直接インタビューし、詳細を確認したいというところまで行けるのではないかという企業もある。そこまで行けるというのが WEB. IR の 1 つの理想型ではないかと思われる。

WEB. IR の出現により何が変わったか

　さらに話を進めて、「WEB. IR の出現によって何が変わったのだろうか」ということをおさらいしてみようと思う。筆者はよく「情報の意味が変わってしまった」と説明している。
　投資家に対して紙という媒体で資料を提供するのとは異なり、一瞬のうちにホームページで公開されてしまう。そうすると意外と見落としがちなのは、平板であったり、ありきたりであったりする、いわゆる意味のない情報はノイズ

になってしまうことである。したがって、慣れてくると「同じことを言ってるな」とか「意味のないメッセージが並んでるな」ということになって、情報利用者のIR活動全般に対する評価は非常に厳しくなる。これは他のメディアでもそうであるが、筆者も自分の専門の領域の論文などを読んだ時に、ノイズがあるもの、余計なことを書いてあるものというのは、どんどん除外していってしまうというのがWEB時代の宿命である。

どの世界でもそうなのであるが、ネット時代に共通していることは、良いものあるいは本物を探そうということで皆が検索エンジンをかけているので、そのサイクルの中で同時に、良いものでないと一旦価値判断してしまったものに対しては捨て去るという行為をどんどん進めていくことになる。IRの世界でも、会社のホームページについて一旦そういうイメージを持たれてしまうと、非常に厳しい状況に陥ってしまうのではないかと推定される。

それから、「情報効率性の飛躍的拡大」ということも同時に考えなければならない。これは出された情報は一瞬のうちにすべての情報が全世界に伝わってしまうことの怖さのようなものを意味している。「意味情報」と言ってよいのであろうが、きちっとしたつながりのある、この場合意味のある情報をどうやって信頼性を高めてキープしていくかということが非常に重要になってくる。

凝縮された情報提供が意味を持つ

次にこれは本章の冒頭に述べたこととも関連するが、「洗練された情報提供のみが意味を持つ」ということについて触れておきたい。飾りが多い情報とかノイズというのは今後要らなくなってくるということである。例えば、会社がどういう理念を持っているかという経営方針が3ページぐらいにわたって、だらだらと書いてあると、読者にスキップされてしまうということも考えられる。それは読者から見ると、会社自身が情報を整理し、投資家に伝える気持ちがないということにもなる。もっとはっきり言うと、そもそも基本的にロジカルな経営方針がないのではという判断すらされる恐れがある。

経営方針のページは、つまり、非常にコンパクトに本質を言い当てる、極端

に言うと図表でもいいのであるが、1ページぐらいでまとめるということで十分ではないか。とにかく、一言一言、一枚一枚が非常に重い意味を持つことが重要ではないか。

そうすれば、逆にノイズとなる情報は要らないといことになる。日本の大企業では非常に優秀な大学を出た社員が多い。どういうわけか伝統的な大きな会社ほど、例えば経営会議の資料を1時間の会議で100ページぐらい用意するということが今でもあると聞く。今の時代にはそぐわない気がする。いかにコンパクトに本質を言うか、つまり10行20行で本質を衝くかということの方が重要だと思われる。

単にわかりやすいというだけではなくて、簡潔な表現に落とし込めないこと自体、能力がないと思わざるを得ない。これは、ホームページ、WEB.IRに関しての全般にも当てはまる問題である。

筆者は大学で論文指導も行っているが、最初、学生たちは自分の勉強したことを何でもかんでも入れ込みたがる。私の仕事は論文の肝となるものにフォーカスを当てて、100ページあるとしたら10ページぐらいに落とし込むことである。

エキスがあるものにこそ価値があるという考えだが、これはホームページの世界でもそうだと思う。ホームページを維持するには、容量的に大変重い負荷がかかるとよく聞くが、そうではない。そろそろそういうことを考えてもいい時期ではないか。

原点に戻ってみよう

では、実際に具体的にどうやってホームページ、WEB.IRそのものを再構築していくかという話になるが、「原点に戻ってみる」という作業が必要ではないかと思う。原点に戻るというのがどういうことかというと、自分自身がアナリストをやったことがない、あるいはファンドマネジャーをやったことがないのにと思われるであろうが、本章の冒頭でも述べたように、やはりコミュニケーションの基本で情報提供者の立場ではなくて、情報の利用者の立場になっ

て考えてみるということに尽きる。

　情報利用者についても、初めて投資しようとする人なのか既に投資している人なのか、あるいは提供情報についても過去情報なのか将来情報なのかなど色々あると思うが、相手の立場で考えることが出発点としてなければならない。

　相手を考えると同時に、横を考える必要もある。例えば同一業界でどこかの会社に投資しようとする時に、A社かB社か、どちらかに投資しようとなった時に投資家は横で考える。そういった場合に、あまりにも会社同士で異なる情報を出しているとおそらく比較が困難になる。それによって投資家が分析をギブアップしてしまって困るのは会社自身だと思う。そういった立場を考えてみると、業界共通のある程度標準化された考え方でやってみるという思考も重要ではないかと思う。

ターゲットとする投資家の種類を分ける必要はあるか

　次に、WEB. IRの作成にあたりターゲットとする投資家の種類を分ける必要があるかという問題に触れたい。今はまだその必要があると思うが、筆者はやがて個人投資家と機関投資家を切り分ける必要はなくなっていくのではないかと思っている。

　海外のある有名な化粧品会社の例であるが、CEOによる決算説明会用の資料を見てみると、機関投資家向けの資料であるが、一見とてもプリミティブ（原始的、素朴なさま）で大変幼稚な資料と思われるかもしれない。

　しかし、よく見ると投資家に共通して伝えるべきエキスとかエッセンスがすべて入っていることがわかる。筆者の目で見ると社内でかなり考え込まれているなということを窺わせる資料であった。筆者自身（一個人投資家の立場で）、内容を見た上で動画配信も観て、非常にクリアに、よく理解できるものであった。

　CFOによる説明内容となると、それをさらに補強するような資料を出している。これはやはりある程度専門家でないとわからないが、単純な視覚に訴えているだけではなくてアナリストが深く分析する際のヒントが示されている資

料となっている。

　海外では個人投資家の人でもインフォメーションミーティングに結構専門的な知識を持って参加する人も増えてきているため、個人投資家のレベルが高い。だからこのような資料構成になっているのではないかと思われる。そうすると、簡素であるけれどもわかりやすい資料を作ることによって、むしろ投資家の種類を分ける必要がなく一種類で済むという時代がくることを示唆していると言えよう。

過去情報は何のためにあるのか

　次に、ホームページ上にある豊富な過去情報は何のためにあるのかについて考えてみたい。多くの企業においてアーカイブがここにきて充実してきた。ただし、過去の情報というのは3年ぐらいしかおいていない企業もあるし5年、10年蓄積している会社もある。筆者はかなり長い期間のアーカイブが必要だと思っている。投資家、アナリストの立場に立ってみると、アーカイブで分析できるかどうかが重要である。

　そこでもう一つ考えてほしいのが、単純に決算短信とか有価証券報告書を載せているだけでは不十分ではないかということである。というのは過去情報の分析は、アナリスト、投資家にとって投資の肝になる情報を探っていくことが目的だからである。

　そうするとある程度それを企業側が忖度（そんたく）することが必要となる。日本証券アナリスト協会でディスクロージャーについての表彰制度を行っているが、そこでのランキングを見てみると、有名な会社でも評価の低い企業は明らかにアーカイブの際に必要な情報についてのケアがないということがわかる。

　一見豊富な情報を出しているにもかかわらず低評価にとどまるという例もよくある。しかしその時にランキングが低いことを気にして一生懸命アナリスト側の言い分を聞き入れてくれた会社はその後必ず改善している。

　アナリストや機関投資家は投資を検討するに際して、過去10年程度の業績変動がいかなる要因で起こったかについて考える。それがわかってないと実は

投資に対するアイデアは出てこない。そこに関する情報が会社訪問しても出てこない、あるいはアーカイブを見ても出てこない、あるいは one on one meeting でも出てこないとなると、アナリスト、投資家はギブアップの状態になってしまう。そのような情報について出し惜しみをするということになるとアナリストは不満を持ち始める。

こういった状況の中で、1行、2行でもいいから、ヒントをとなる情報を出すことによって投資家も分析しやすいということになる。優秀なアナリストはそれを糸口にして一を聞いて十を知るということができる。

図表9-1で示した会社は、高いマーケットシェアを持っている大手医薬品企業で、非常に驚異的な利益成長を1996年から2006年まで達成した会社である。これをアーカイブで分析しようという時に、ある程度のとっかかりとしてはこの図表の項目で十分である。

医薬品事業の売上高、その中での自社開発品、仕入れ品、提携品の売上の割合、それから非医薬品事業の売上、この4つが示されていたら、かなりの分析が可能になる。

もしこれらがないと何が何だかわからず、「頑張ったんだな、この会社は」ということになってしまう。ただ頑張っただけで売上高総利益率が飛躍的に向上することなどはあり得ない。収益率の全く異なる製品の割合がわかって初めて、この会社をアナリストとして分析する上での基盤ができることになる。当然、A社はそのヒントに値する情報を投資家に与えることになる。

そういうことを考えてみると、過去情報としては、この業界、この企業では何が業績変動のマグニチュードとなって変わってくるのかというエッセンスを理解できることが必要である。極端なことを言えば、これに10行ぐらいの情報がアーカイブであれば、相当な分析ができる。

投資家は「経営者」のメッセージを参照して意思決定に結びつける

過去の分析ができれば、次にアナリスト、投資家が見るのは将来業績である。

図表 9-1　医薬品会社 A 社の業績推移

	1996年度	2001年度	2006年度	cagr 06／01	cagr 06／96
単位：億円				5years	10years
売上高	8,388	10,051	13,052	5.4%	4.5%
売上原価	4,492	3,379	2,797	−3.7%	−4.6%
売上高総利益	3,896	6,672	10,255	9.0%	10.2%
売上高総利益率	46.4%	66.4%	78.6%		
営業利益	1,103	2,812	4,585	10.3%	15.3%
経常利益	1,310	3,592	5,850	10.2%	16.1%
当期純利益	714	2,357	3,358	7.3%	16.7%
売上高当期純利益率	8.5%	23.5%	25.7%		
EPS（円）	82	265	386	7.8%	16.8%
医薬品事業売上高合計	5,658	8,437	12,032	7.4%	7.8%
（うち　自社開発薬売上）	3,251	6,006	9,932	10.6%	11.8%
（うち　仕入・提携医薬品売上）	2,407	2,431	2,100	−2.9%	−1.4%
非医薬品事業売上高	2,730	1,614	1,020	−8.8%	−9.4%
金融収益（ネット）	42	89	561	44.5%	29.6%
持分法投資利益	173	743	662	−2.3%	14.4%
使用総資本（総資産）	12,219	19,652	30,725	9.3%	9.7%
営業用資産	6,734	6,352	8,779	6.7%	2.7%
金融資産	5,485	13,300	21,946	10.5%	14.9%
（うち持分法適用会社株式）	415	759	805	1.2%	6.9%
純資産（少数株主持分控除後）	7,571	14,201	24,203	11.3%	12.3%
配当支払い総額	150	578	988	11.3%	20.7%
フリーキャッシュフロー	1,421	3,125	5,798	13.2%	15.1%
ROE					
株主資本当期純利益率	9.4%	16.6%	13.9%		
売上高当期純利益率	8.5%	23.5%	25.7%		
総資本回転率	0.69	0.51	0.42		
財務レバレッジ	1.61	1.38	1.27		

投資家の間には、株価というのは将来こういうふうになるだろうという一定のコンセンサスがある。その読み合いで出てきた「妥当株価」に違和感を持つから投資をするわけである。

　合理的な利益予想をアナリスト、投資家ができるように最低限のヒントを示すというのが企業の情報開示のもう一つの役割である。その上で中期経営企画や財務政策を公知するということを同時に行うわけであるが、後者に関しては、日本の企業はある意味ではやり過ぎであると思っている。

　というのは、具体的公約を掲げている企業が多いからである。例えば財務政策について「総還元性向100％を公約します」とホームページに書いてある会社がある。こういう足かせとなるような公約を掲げる企業は欧米ではまずない。

　例えば、これから東南アジアに投資を拡大しなければいけないということになった時に、出てきたキャッシュフローはすべて配当に回しますと企業が言うと、投資家によってはかなりネガティブな評価をするところも出てくる可能性すらある。

　一方で、前向きなファイナンスを許容する投資家がいるとして、どうやってそれを経営者のこれからの抱負と結びつけていくか、そこのあたりの辻褄合わせができることが重要だということである。それゆえ、八方美人的にどの投資家にもなんとなく触りのいいことを言っていると、矛盾だらけの財務政策を曝け出しているということになる。これはとても深刻な問題である。

コミュニケーションの基本とプレゼンテーション

　NIRIの年次大会ではプレゼンテーションの方法を主題にしたセッションが必ずある。

　あるセッションではcommunications staircase（コミュニケーションの階段）には、data（データ）、context（前後関係）、add to（付加）、information（情報）という段階があるということを強調している[1]。

　投資情報を流しているつもりでも、実はここで言うdataにとどまっているケースが多い。例えばこういうふうに利益・売上額が出ましたよと言っても単

なるデータに過ぎない。投資家としては売上がこれだけ出ましたよと言われても、これを他の会社と比べなくてはいけない。

それからその会社としてどうだったのか。そういう意味ではどのぐらいアップしたのかという context まで示している会社はある。しかしながら、インダストリーはどうだったか（競合他社での相対的位置付け）ということを明確にして、初めて意味を持つ。こういったことまで配慮してデータを作っている会社というのは、それほど多くないと思う。

ここのところは微妙な問題も多いが、洗練された投資家から見ると、ボリュームがある情報でも、それが整合性が取れているかどうかというのは、さっと見てレベルを判断できる。

経営計画で具体的な数字がなくてもこの会社はこういうことを考えているんだなということもわかるし、また、財務政策との絡みが非常に無駄なく書かれているかどうか、この辺がこれからはますます重要になるであろう。

WEB. IR はごまかしがきかない。動画配信まで気を配れ

次に、WEB. IR はごまかしがきかない、ということに触れたい。多くの会社が動画をホームページで配信していると思う。これにより、CEO がインフォメーションミーティングの場で何を話しているかということが動画で把握できる。

しかし、実はあまり真剣にケアをしていない会社が多く、ホームページはとてもすばらしいが、インフォメーションミーティングの光景を配信している動画の内容が非常におざなりであるといったケースもある。

CEO の態度もぞんざいで、CEO が話している間、彼以外の幹部社員が私語を交わしていたり、Q&A のセッションでも社員が行き来たりして、何でこんな恥さらしの動画を配信しているのだろうと思わず考えてしまう会社すらある。私は現在の IR オフィサーは動画の内容まで気を配る必要があると思う。

ともかく動画情報はごまかしがきかない。また動画情報がホームページに掲載されている経営者メッセージと符合しない、ミートしないとなると、そこで

書かれているメッセージはおかしいのではと投資家は思い始める。そこまで考えてホームページは作らなければならないということであろう。

それから、動画配信というのはテレビに映っているのと同じであるから見透かされてしまうという怖さがある。この人は信頼できる人なのか、そうではないのかが見透かされてしまうということであり、CEOなりCFOの態度・物腰というのは非常に重要である。

そういう意味ではWEB. IRというのはfictional（虚構的）なものを保つことができない。隠せども本質が色に出てしまう。では動画配信をやめようという考えもあろうが、これは帰らざる河でおそらくそういうことはできないと思う。

先の章で紹介した、アメリカのNIRIで長らく会長を務めたルイ・トンプソン氏が、引退した2006年におけるIRオフィサー向け最終講演で強調していたのは以下の言葉である。「IRオフィサーは洗練された機関投資家が何を重視して投資意思決定をするかを知らなければならない。それは皆さん何だと思いますか。究極的には、CEOに対する信頼性である」[2]と。

いくらそつのない立派な説明がWEB. IR上で施されていても、最後はそれを実行するCEOに対する信頼性が重要だということをこの言葉は意味していよう。

最後に、再度WEB. IRとは何かを考えてみたい。第1に、これまでの議論でわかるようにWEB. IRはすべての投資家にとって「入口」であり「出口」であり、大変重要なものであると認識することであろう。第2には、個人・機関を問わず、洗練された投資家というのは何かということを考え、そういった対象にミートするようなIRとは何かを再度考えるべきではないかということ。第3には、策を弄しない。IRオフィサー自身が自分が投資家の立場に立って、このメッセージに無駄がないか考えていく、あるいは論理的につながってないんじゃないか、どこかにごまかしがあるんじゃないかと、それを常に意識するということ、この3点に尽きるような気がする。

コミュニケーションの基本が、WEB. IRの世界も当てはまることであろう。策を弄すると見透かされてしまう。

やはりアメリカの IR の基本書に書かれていた straightforward（率直）と honesty（正直）というのが best policy（最善策）であり、それを実行することが望ましい株主構成につながると信じることであろう。

課　題

あるセクターにおいて、わが国の代表的な企業2社と海外企業の1社を取り上げて、以下の事項について比較検討してみよう。

（1）ホームページにおいて過去分析のための資料がどれだけ充実しているかを比較してみる。特にアナリスト・投資家の観点からどのような差異があるかを指摘せよ。

（2）3社の企業価値を算定するにあたり、経営者のメッセージから重要なポイントを比較し、中期業績予想を行ってみよう。そこからさらにフェアーバリューを算定してみる。

（3）3社の情報デザインの比較をしてみる。色調、プレゼンテーション資料の構成等も見てみる。

（4）動画配信における問題点も同時に指摘せよ。

章末注

1）Fine Communications Inc.［2008］
2）Thompson, Louis M. Jr.［2006］

補論／アナリストとは何か

特別対談～山本義彦 VS 北川哲雄
日本の医薬品産業の課題と株式市場のあり方
― 今再び経営者に問われる「製薬企業の社会的使命を果たすことへの熱い思い」―

　1960年に1000億円規模であった日本の医療用医薬品産業は、1961年の国民皆保険制度の施行を追い風に拡大し続け、80年に3兆円規模に到達。さらに80年代から90年代にかけて日本発の世界的なブロックバスターの登場で2000年には5兆4000億円に拡大した。しかし、国内医薬品市場の成長率は90年代以降著しい低下を見せ、世界市場に占める日本の医療用医薬品市場は85年の29％から06年には9％にまで落ち込んでいる。医療費削減という大命題のもと厳しさを増す国の政策リスクと新薬枯渇問題に直面した企業にはいま、新たな経営哲学が求められている。そこで、医薬品アナリスト界を背負ってきた2人の重鎮に、日本の医薬品産業を振り返ってもらうとともに、これからのマネジメントの方向性について縦横無尽に語ってもらった。業界発展に思いを馳せる両者には、企業の社会的使命、経営改革、アナリストのあり方について、その価値観と思考軸に多くの共通点がある。　インタビュアー・国際医薬品情報　岩垂　廣

　―― お二方は製薬企業のアナリスト業務に20年以上携わってきた経験をお持ちですが、この20年の日本の医薬品産業と業界を取り巻く環境の変化をどう感じられておられますか。

　山本　私は86年9月にアナリストになったのですが、ちょうどその頃、投資家の間では機関化現象が起こっていた。15年も前に米国で起こっていたこと

が、日本でも起こり始め、生保や信託が物凄いおカネを持ち、一人のファンドマネジャーが2000億円、3000億円の運用を始めた。そういう人たちに対して、業界の現場を経験している者の話は非常に新鮮に受け止めていただけたのだと思います。日本の製薬業界は当時、いわゆるカントリードラッグが多かったのですが、そろそろ世界的な薬も出始めていました。71年に発売されたセファメジン（藤沢薬品）が日本企業による最初の世界的薬剤だったと思います。その後、74年には世界初のCa拮抗剤ヘルベッサー（田辺製薬）が出ました。この研究開発の新たな動きを後押ししたのが、61年の国民皆保険制度の施行であり、76年に施行された物質特許制度でしょう。さらにまた、バイオテクノロジーの時代も始まっていた。73年にコーエン／ボイヤーの遺伝子組み換え技術が、76年にはケーラー／ミルシュタインの細胞融合技術によるモノクローナル抗体作成技術が発表されています。日本の製薬産業では簡単にしかも安価にスクリーニングできるとの理由で抗生物質の開発一辺倒だったのですが、いよいよ本格的な医薬品をつくろうという時代になっていった。それから10年経ったころにアナリストになったわけですが、その頃に本格的薬剤が相次いで登場したこともあって、投資の世界でも医薬品産業が大いに注目されたのです。ちょうどいいタイミングでした。いまの若いアナリストには申し訳ないですが（笑）。

北川 80年代中葉までは外資系の証券会社が参入していない時代で、日本の大手証券会社の大量推奨販売が全盛時代でした。証券投資論で言う合理的な分析手法が株価に影響を与えるという時代ではありませんでしたね。その当時私は、国内証券会社すなわちセルサイドのアナリストでしたが、アナリストもファンドマネジャーもプロフェッショナルでなく、いわゆる合理的意思決定を行うインフラストラクチャーがなかったわけですね。思い出すのは85年頃から円高ショックで日本の主な製造業は苦しんでいました。その中で、過剰流動性のために株式市場に資金が流入してきました。バイオや医薬品産業は景気に左右されないということで、このセクターを物色しようという、いま思うと非近代的な市場の動きがあった。その時に一番手っ取り早いのがドリーミーな話に当時の投資家が飛びつくことです。インビトロ試験の段階で、がんに効いたとい

ういま思うと極めて初期の段階の話に、証券会社の株式情報部のスタッフや一部のアナリストが飛びつくわけです。それで現実に株価が押し上げられたという苦い歴史がありました。そこに山本さんのような方たちが出てきて、プロフェッショナルなアナリストの評価というものが投資評価として反映されるようになったのです。

── 全産業における医薬品産業の位置づけはどうだったのでしょうか。

山本 時価総額が大きな指標になると思いますが、61年の皆保険制度施行の前年の60年の医薬品産業の構造は、全体の生産額が2000億円で、半分がOTCでした。その時の東証1部の中で医薬品セクターの比率は1.2%に過ぎなかった。それが皆保険制度の施行から急激に伸び、60年代の伸び率は医療用医薬品の生産だけに限ると年平均23.5%で、GNPの伸び率をはるかに上回っていました。当時は医療サービス部門の整備期に当たり、健保財政も豊かでもちろん大きな薬価の切り下げもなかった時期です。73年は老人医療費が無料化され福祉元年とも呼ばれました。時代の潮目が変わるのは80年。当時の厚生省吉村事務次官が医療費亡国論を唱え、そこから抑制策が始まった。それでも80年の医薬品生産金額は3.5兆円、医薬品セクター時価総額比率は2.7％にまで高まっていました。

70年代はもちろんのこと、大幅な薬価切り下げを受けた80年代においてすら、GNPの伸び率より医薬品生産金額の成長率の方が高かったものですから、繊維や化学品といった構造不況産業から医薬品事業を始める企業が出たのです。帝人や東レ、旭化成、三菱化成などがそれです。

── 当時の事業会社の開示姿勢はどうだったのでしょうか。

北川 80年代中葉まではアナリストは大手4社（野村、山一、大和、日興）にプラスアルファしか企業別には担当者がいなかった。ですからインフォメーション・ミーティングなどはなく道修町では4社会というのがあって、アナリストを4人集めて説明を行うことで事足りていた。今考えると、いかにものどかでかつ株式市場における情報介在者が少なかったかということになります。それが85年以降の本格的な東証の門戸開放で、外資系がアナリストを増やしてアメリカ流の投資分析技法が浸透し、一気に近代化が進んだということにな

ります。そういう変化に敏感に対応した会社もあった。大阪でも当時の藤沢薬品などは東京にいち早く、確か80年代末だったかと思いますがIR室を置くなど先進的でした。

―― お二方の時代といまとでは、アナリストの視点に違いはあるでしょうか。

山本 いつの時代も医薬品企業をみる視点は変わらない。なんといっても新薬、パイプラインが充実しているかどうかが最も重要な視点です。もう1つ、これもいまと同じでしょうが、経営者の資質というのも重要な視点でしょう。武田國男さんがこの会社を変えると判断したので当時1100円くらいだった武田薬品の株を薦め出したことは1つの事例です。

北川 山本さんのレポートで傑出していたのは、5期くらいの業績予想を品目別に売上げ、粗利益の予想まできちんと立てられ示されていた点です。言ってみれば「手の内」をみせていた点。私は89年から顧客の一人としてバイサイド側にいましたが、山本さんのスプレットシートを社内のファンドマネジャーに示し、「山本さんの見解はこうだが、私の見方はこうだ」と説明していたのを思い出します。普通はセルサイドのアナリストの方はそこまでおやりにならないのですが、山本さんはおやりになった。ある意味ではよほど緻密でないとそこまで披瀝できないということです。そして売上予想の根拠を議論することによって山本さんご自身の各薬剤の見方がはっきりと投影されてくる。本当に充実した議論をその当時させていただいたと思っています。そういった意味で、その後出てきたセルサイド・アナリストのハードルは非常に高くなった。バイサイドが山本さんのレベルの分析を所与のものとしてセルサイドに要求することになるからです。

山本 80年代以降は医療費抑制策が推し進められてきたため、薬価切り下げに対する見方にもアナリストの労力が割かれたと思います。さらに、注目しなくてはならないのは、世界の医薬品市場の構造です。85年の世界の医薬品市場規模は約800億ドルでしたが、06年は約6100億ドルにまで増加しています。しかし、より重要なのは日本市場の占める割合です。85年の日本のシェアは29％で欧州全体よりも大きかった（米国36％、欧州28％）。つまり製薬企業は日本の市場だけを相手にしていても成長できるため、欧米で売る必要がなかっ

た。それが96年には、世界全体は約3000億ドルまで増えましたが、日本のシェアは18％まで落ちた（北米35％、欧州29％）。さらに06年には9％まで落ちました（北米48％、欧州30％）。この傾向は将来も続くことになるでしょう。つまり、日本の製薬企業は日本市場だけで商売していては成長できないのです。欧米企業への導出は選択肢の1つとして考えられぬことはありません。しかし足元を見られて大きな販売経費を取られ、利益が極端に減ってしまう。自ら販売せねば製薬企業の旨みは享受できない。特に、すでに巨大で成長率も高い米国市場で自ら売らねばなりません。ところがこの巨大市場で自ら売るには膨大な経費が必要です。そのために大手同士の合併が必要なのです。藤沢薬品がライフォメッドを買収、山之内製薬がロバーツに資本参加したのは、米国市場で自ら売ることを狙った80年代後半から90年代初頭にかけての動きでしたが、残念ながら成功しませんでした。85年にアボットとの合弁を選択した武田薬品も成功とは言えない。今後、米国市場を狙った再編成の動きは続くことになるでしょう。

北川 これはいまも共通することですが、海外展開の重要性が高まると、当然経営者リスクが高くなる。海外の優れたアナリストは経営者が会社の中期展開をどのように持っていきたいのかを冷静にみています。また、自分の後継者を育成できているのかもみる。そういうことを真剣に考えている会社がどれだけあるか。これは医薬品業界に限らないことですが、グローバルに進出している製造業の場合は、海外の企業を買収したとしても、それらをマネージする能力のある経営者がいるのかいないのかそれが大きな課題となってきている。また海外の長期投資家はファイナンス・リテラシー・マインドを経営者が持っているかどうかもみている。日本の企業の経営者には投資家に対する中期計画の説明が「財務戦略」との関係で整合的に説明されていないケースが多い。これは洗練された機関投資家の信用を失うことになる。また今の時点で経営パフォーマンスがうまくいっていても、独立外部取締役によるコーポレート・ガバナンスが整っていないことにも注意を払っています。今日、1年のうちでいくつも重要な意思決定を迫られることが多くなっている。そういったときこそガバナンスが充実していることが必要な時代となっている気がします。

動物の観察こそが創薬の基本

—— 医薬品企業の研究開発の変化はどうみていますか。最近は画期的な新薬が出てこなくなったとも言われていますが。

山本 70年代前半に遺伝子組み換え技術と細胞融合技術という2つの基本的技術が登場したのですが、70年代から90年代にかけての日本の大手の製薬企業はバイオテクノロジーの重要性を過小評価していたと思います。遺伝子組み換え技術はツールとしてはいいが、結果として製品が生まれるのか、と考えていた。だから、こういう技術に手を出したのは、三菱化成〔遺伝子組み換え〕、帝人〔モノクローナル抗体〕、キリンビール〔遺伝子組み換え〕などの兼業メーカーがほとんどだった。普通のことをやっていては製薬大手に対抗できないから、新しい技術に飛びついた。製薬大手によるバイオテクノロジー過小評価が、いまの抗体医薬の遅れに連綿としてつながっていると思います。ただ、一部マスコミは抗体医薬、抗体医薬と大騒ぎし過ぎです。ちょうど80年代前半にプロスタグランディン系薬剤が全薬剤の3分の1を占めるようになると騒がれた状態に似ています。抗体医薬ですべてが解決できる話ではないし、ましてや、現在の生産コストでは、余りに高額な医療費となって、病気は治るが国家が破産するといった恐れがある。だからこそ、協和発酵などの高活性抗体作成技術に大いに期待したいのです。一方で、80年代後半から90年代にかけてリュープリンやメバロチン、プログラフ、アリセプトやアクトスなど世界的に誇れる新薬がたくさん日本から出ている。1つにはスクリーニング方法の進歩でしょう。プログラフが良い例で、抗生物質のスクリーニングと同じような方法で発見されている。先にも述べましたが、日本の製薬産業は安価なスクリーニング手法が可能な抗生物質が得意でした。ビトロで細胞間反応を観察するスクリーニングは抗生物質のスクリーニングに似ています。また1つには真面目で好奇心に富んだ薬理学者による地道な疾患動物モデルの観察から生れてきたと思います。メバロチンや最近の統合失調症治療薬アビリファイがその良い例でしょう。2000年代になって、なかなかいい薬が出てきていないのは、1つには、動物を大事に観察していないことがあると思います。薬理の研究者なら土日も

会社に行って動物を観察するという基礎的な薬理の実験が疎かになっているのではないでしょうか。ハイスループットスクリーニングなどが使われていますが、何十万の化合物の初期スクリーニングとしてはいいシステムかもしれないが、本当に薬を創ろうとしたら、やはり動物をしっかり観察しないといけない。

—— 完成された領域への挑戦でハードルが高くなっているという見方はできないでしょうか。

山本 ファイザーのトルセトラピブがドロップしたのは、その1つの事例でしょう。リピトールの特許が切れるため、それを補うために、その分野で大型品をつくらないといけないという意識が働いている。00年にワーナーランバートをファイザーが買収した時に、当時のファイザーのCEOは、うちは年商5億ドル以下の薬は開発しませんと言った。それを聞いて、私はこの会社は駄目だと思いました。製薬企業の社会的使命とは、疾患で苦しんでいる人に、より良い薬をより安く届けること。すべての経営者には社会的使命を果たすという企業の基本理念を捨ててもらいたくない。社会的使命を追求して、結果として収入があり、利益を上げられる。あくまでも経営者の姿勢は、年商500億円以上のものをつくるということではなく、なんで患者が苦しんでいるのか追究すること。それを放棄した00年のファイザーCEOの発言には失望しました。案の定、駄目になりました。ただ、ファイザーは今年、トルセトラピブがドロップしてから開発プロジェクトを見直した。お蔵入りしていたものを引っ張り出してきたら、売上げは500億円には届かないであろうプロジェクトが50個以上出てきた。ファイザーもまだまだ捨てたものではない。

北川 同感ですね。先ず、いまあるブロックバスターの特許切れに対処するために、こういうものが必要であるという発想・戦略は危険だと思っている。当初はオーファンであっても、特定の疾患領域における治療ニーズを考え一生懸命開発したものであっても、効能追加等でその後飛躍的に売上げが増大するものもあるわけで、いまの自らの会社の売上規模を維持するために先ず大型品ありきという姿勢には賛同できません。投資理論的に理屈っぽく言うと、もし大型品が出てこなければ、自社株買いをするとか、自分の会社を分社化するなどしてシュリンクすればいい。元々はリウマチ患者向けに開発したものが多発性

医薬品産業の重要事項

	医療制度	合併・買収（国内）	合併・買収（海外）
1961年	国民皆保険施行		
1973年	老人医療費無料化（福祉元年）		
1976年	物質特許制度施行		
1977年	銘柄別薬価収載		
1980年	厚生省吉村次官：医療費亡国論		
1981年	薬価18.6%切下げ		
1982年	老人一部負担		
1984年	本人1割負担、16.6%薬価切下げで初のマイナス成長	Merck万有買収(10)	
1985年		TAP設立	
1989年	薬価差1.3兆円(87年度)と発表	藤沢ライフォメッド買収(10)	SKB、BMS
1990年	定額払制度導入		
1991年	R15%、加重平均		
1993年	ソリブジン事件		
1995年	分業率20%超(1986年10%)、クラフト株式公開		Pharmacia／Upjohn、Glaxo／Welcome(3)
1996年		BASF北陸買収(4)	Novartis(12)
1998年		吉冨／ミドリ合併(4)	
1999年			Astra／Zeneca(4)、Aventis(12)
2000年	介護保険制度施行	BIエスエス買収(1)、クラヤ／三星堂(4)	Pfizer／WL(6)、Glaxo／SKB
2002年		三菱ウェルファーマ(10)、Roche中外買収(10)	
2003年		アルフレッサ(9)、興和日研買収(11)	Pfizer／Pharmacia(4)
2004年			Sanofi−Aventis(8)
2005年		アステラス(4)、大日本住友(10)、あすか製薬(10)	
2006年			Novartis／Chiron(4)、Bayer／Schering(6)
2007年		第一三共(4)、田辺三菱(10)	AstraZeneca／MedImmune(6)
2008年	ジェネリック処方標準化		

出所：日興コーディアル証券

硬化症の患者にも効いた、そうやって大きくなるのが自然な姿でしょう。もちろん新規分野でファースト・イン・ザ・クラスであり、そのまま大型薬剤に成長するのが理想ですが。

── 00年に塩基配列が解読されましたが、当初期待したほど新薬への応用が進んでいない感もありますが。

山本 ケーラーとミルシュタインによって基本的な細胞融合技術が確立されたのが75年。ノーベル賞を受賞したのがその10年後の84年。それが最終的に製品化されたのが94年のレオプロ、98年のレミケードとハーセプチン。ネズミの抗体は80年代に製品化されましたが汎用されていない。最初の技術が確立されてから20年経っている。遺伝子組み換え技術の場合は、コーエン／ボイヤーがつくったのが73年で、78年にはヒト型インスリンがつくられましたが極めて例外的でしょう。一般的には、基本技術が確立されてから製品ができるまで15年、20年はかかる。塩基配列が解読され、その情報が実際に活用されるには15年はかかり、それは個の医療に活用されると思います。薬には必ず副作用がある。余談になりますが、最近のプラスグレルの事例をとれば、クロピドグレルとの違いは肝臓での代謝酵素。クロピドグレルの代謝酵素は一塩基多型が多い。だから、代謝して活性体をつくるレスポンダーとつくらないノンレスポンダーが出てくる。プラスグレルの場合は代謝酵素がほとんど均一のため、ほとんどがレスポンダー。だからプラスグレルが大型新薬になるに決まっていると言い続けてきたのですがね（笑）。米国の薬の評価は、とにかく有効性を第一に考える。だから用量を上げる。日本は安全性を重視するから用量を下げる。そのフィロソフィーの違いがあるから、プラスグレルは米国で用量を上げ過ぎた。用量を上げたら副作用が出るに決まっている。開発のやり方が間違っている。副作用を最小限に抑え、有効性を最大化するには個の医療が必須です。個の医療を推進するために塩基配列情報は活用されるのでしょう。

求められるアナリストの知的誠実性

── 医薬品アナリストの数は増えましたが、アナリストはどのようなことを心がけるべきでしょうか。

各社のブロックバスター上市年

1971	セファメジン(藤沢)
72	メチコバール(エーザイ)
73	
74	ヘルベッサー(田辺)
75	ピシバニール(中外)
76	
77	クレスチン(三共)
78	
79	プロスタンディン(小野)
80	ペントシリン(富山)
81	ペルジピン(山之内)、パナルジン(第一)
82	ケフラール(塩野義)、タガメット(藤沢)
83	カプトリル(三共)
84	ザンタック(三共)、カラン(武田)
85	リュープリン(武田)、ガスター(山之内)、タリビッド(第一)、フォイパン(小野)
86	ロキソニン(三共)、アバン(武田)、セルベックス(エーザイ)
87	オムニパーク(第一)、セフスパン(藤沢)
88	エレン(山之内)、フルマリン(塩野義)、サアミオン(田辺)
89	メバロチン(三共)
90	エポジン(中外)
91	セフゾン(藤沢)、ノイトロジン(中外)、クラリス(大正)
92	タケプロン(武田)、キネダック(小野)
93	ハルナール(山之内)、クラビット(第一)、タナトリル(田辺)、プログラフ(藤沢)
94	ベイスン(武田)、トポテシン(第一)
95	オノン(小野)
96	
97	ノスカール(三共)、ブロプレス(武田)、フロモックス(塩野義)、パリエット、アリセプト(エーザイ)
98	
99	アクトス(武田)
2000	リピトール(山之内)
01	
02	
03	
04	
05	オルメサルタン(三共)、ベシケア(山之内)
06	ロゼレム(武田)
07	

出所:日興コーディアル証券

北川 投資家サイドから言えば、いろんなタイプのセルサイドアナリストがいていいと思うのですが、ただ、機関投資家サイドが分業制でバイサイドアナリストをインハウスに抱えている場合は、実は株価そのものを言い当てるということをセルサイドに期待していない。求めたいのは知的誠実性です。もともと自分が考えてきたことから演繹してこう結論付けるというのであればいいが、なにかトリッキーな思惑があり、それが余りにも露骨ですと、無理した佇まいのリコメンデーションをすることになる。そのようなことはいかに証券会社内のプレッシャーがあったとしてもやめた方がいい。そんなことでは永続しない。

それと、いまの運用手法のなかではヘッジファンド、特にショート（空売り）取引も大きな影響を占めますので、セルサイドアナリストが「売り」のリコメンデーションをしてくる場合も多くなりました。「売り」推奨というのはセルサイドの人にとっては実はやりやすいのです。株価は「悪い」ニュースにも売られすぎのことがありますが「良い」ニュースの時には割高に放置されやすい。ヘッジファンドの運用が一般的でない時代は「セル」推奨はしにくかった。今はその手法が一般的になり証券会社にとっては彼らからのコミッションが重要な割合を持つに至っている。したがって、先ほど述べたトリッキーな感じの銘柄推奨は医薬品セクターの場合、未だ他セクターに比べ少ないほうですが段々と増えてきているように思えます。緻密に薬理や市場予測を行いその結果として「売り」オピニオンがあるのは構わない。しかし、コミッション稼ぎのために無理なロジックを立てるくらいならすぐアナリストを廃業したほうが良い。そんなものはバイサイドに見透かされてしまいます。医薬品アナリストは専門性が高くないとできませんから、10年、20年は自分がプロフェッショナルでやるというつもりならば、そういう気持ちであってほしい。それと、グローバルな視点をもっと持ってほしい。この産業は完全にグローバルなコンペティションの中にある。そのなかでのポジショニングをしっかり示せないと説得力を持たない。

山本 最近のセルサイドのアナリストに2つ言いたい。1つは余りにジャーナリスティックになっていること。自分で考えないで、なんでもかんでも企業の人に聞いてしまう。アナリストの職務を放棄しているような質問が多い。自分

日本の医薬品業界をとりまく環境

		1960	年率	1970	年率	1980
人口	(百万人)	94.3	1.0%	104.7	1.1%	117.1
75歳以上	(百万人)	1.6	3.1%	2.2	5.0%	3.7
75歳以上の占める割合	(%)	1.7%		2.1%		3.1%
名目GNP	(兆円)	15.9	16.4%	73.0	12.6%	239.8
実質GNP(1990年ベース)	(兆円)	71.5	10.1%	187.8	4.4%	290.3
国民医療費	(兆円)	0.4	19.8%	2.5	17.0%	12.0
国民一人あたり医療費	(千円)	4.4		24.1		102.3
国内医薬品生産額	(兆円)	0.2	19.3%	1.0	13.0%	3.5
医療用医薬品生産額	(兆円)	0.1	23.5%	0.8	14.5%	3.0
医療用医薬品構成比	(%)	53.0%		75.1%		85.5%
東証1部医薬品業界時価総額	(10億円)	65	18.4%	351	19.0%	1,992
東証1部全体に占める割合	(%)	1.2%		2.3%		2.7%

E：2010年医薬品生産額は日興コーディアル証券予想。2010年・2020年人口は国立社会
出所：厚生労働省、日興コーディアル証券

で考えることこそアナリストの仕事であることを自覚して欲しい。もう1つは、投資家に阿(おもね)ること。要するに、投資家の流行的な思考を金科玉条の如く考えている。たとえばキャッシュを持ちすぎだという投資サイドの意見があると、武田薬品のキャッシュ1兆7000億円をどうするんだという発想を持つ。投資家の考え方には流行なり時代のうねりがあります。流行を追わず、いろいろな考え方を全部咀嚼した上で、自分で考え、発想した方がいい。また、経営者を批判するのは避けるべきです。私もそれで大間違いをしたことがあります。昔、某社社長が出席した説明会で、「社長の話は迫力はありますけど、内容がありません」といってしまった（笑）。こういう類の発言は絶対に避けるべき。アナリストは質問をしてもいいですが、その場で批判してはいけない。それならその株を薦めなければいいだけです。

　北川 私も投資家に阿るのは嫌いですね。その会社が抱えている内在的な問題を丹念に聞くのはいいですが。自分がその会社について思っていることを真摯に率直に聞くほうがいい。ただ、私はバイサイドで調査部長をやっていたときには、他のセクターもみたのですが、医薬品のアナリストのレベルは他産業より高いと断言できる。一定のレベルに達しなければ恥ずかしくて質問すらでき

	1990		2000		2005		2010E		2020E
年率		年率		年率		年率		年率	
0.5%	123.6	0.3%	126.9	0.1%	127.8	-0.1%	127.2	-0.4%	122.7
5.0%	6.0	4.2%	9.0	5.2%	11.6	4.1%	14.2	2.8%	18.7
	4.8%		7.1%		9.1%		11.2%		15.3%
6.1%	432.7	1.4%	498.2						
4.1%	432.9	1.3%	492.6						
5.6%	20.6	3.9%	30.1	1.9%	33.1				
	166.7		237.5		259.3				
4.9%	5.6	1.0%	6.2	0.7%	6.4	1.0%	6.7		
4.7%	4.7	1.3%	5.4	1.3%	5.7	1.0%	6.0		
	84.4%		87.0%		89.8%		90.1%		
16.4%	9,125	7.5%	18,746	-0.5%	18,276				
	2.5%		5.3%		3.5%				

保障・人口問題研究所「日本の将来推計人口」より

ないという緊張感がある。信じられないかもしれないですが、ある業界ではある社長のお座なりなプレゼンテーションのあとアナリストが「いまのお話には感服しました」と真顔で言ったのにはびっくりしました。幸い、医薬品アナリストは厳しい質問をするから、医薬品企業のディスクロージャーのレベルは全産業の中で最も高いと思います。

山本 それとマスコミにも言いたいことがある。時代に阿るなということ。たとえばアカデミアの研究についても、社会の役に立たないといけない、バイオベンチャーを幾つつくったということばかりを言う。その結果バイオベンチャーが山ほどできましたが、本当にものになるベンチャーは極めて限られている。それだけなら良いのですが、本当の基礎研究にカネが回らない。私は、アカデミアの研究は研究者の好奇心によって真理を追究することだと信じています。その研究がカネになるかならぬかは大した問題ではない。真理を究めれば将来自ずと役に立つ結果が生まれてきます。

環境変化のスピードと大きさへの認識不足

—— 今後の日本の医薬品企業のマネジメントはどうあるべきでしょうか。

山本 環境の変化のスピードと大きさを十分に認識しておられないのではないかと思う経営者が特に中小の企業に多々見受けられます。新薬創製は経営者にコントロールできません。いかにお金を使っても、良いサイエンティストを集めても創薬に成功するとは限らない。最善の努力をすることはできても結果の保証にはならない。だからこそ、新薬メーカーであり続けるリスクを中小の製薬企業の経営者はヒシヒシと感じなければいけない。来年から処方せん様式が再変更になり、GEのプレッシャーに晒される。環境変化の大きさとスピードはさらに拡大するでしょう。食べていけなくなる企業も多いのではないでしょうか。ですから常に環境変化に対応できる体制を整えておかねばなりません。その1つが企業統合でしょう。ただし、オーナー系の企業ではこれも難しい場合もあります。その時、必ずしも薬にこだわる必要はない。薬で蓄積した資本を他の分野に投じて変身していくことも選択肢の1つでしょう。

　北川 医療用医薬品の上市してからの収益性は特別なものですから、結局、自分たちでタイムコントロールできなければ、あるところでギブアップしなければならないことになる。日本の場合はパテントが切れても、そこそこ生き延びられるといってもこれからは次代のシーズがなければどうしようもない。そうなると、他産業に出るか、うまくフェードアウトしていくか決断しなければならない。それを引き延ばす余裕は今日ないと言える。資本市場全体を考えると、例えばROEは世界標準でいくと10％以下というのはほとんど存在しえない時代になると思う。これからは一定以下のROEの企業はインデックスに入れないということを東証が指示してもいいのではとさえ思っている。日本の多くの経営者はこの点に未だ鈍感で、「キャッシュフローも黒字なのに、なんでそんなことを言われなければいけないのか」と思っている。この点について何らかの手を打たないとジャパンパッシングすなわち、株式の国際分散投資における「日本離れ」が止まらないとさえ思います。

　山本 それは面白い視点ですね。

　北川 このままだと日本の株式市場自体の魅力がなくなってしまいます。笑い話でなくどんどん日本株のアナリストやファンドマネジャーの仕事が減っていくような気がします。そのためには先ほども言いましたように取引所の改革で

凌げることがいくつもあるような気がします。例えば、ガバナンスの強化もそうです。私の個人的見解ですが、欧米に比べROEなどの指標が見劣りするのはガバナンスが万全でないからとも言えます。アクティビスト・ファンドにつけ入られる前に、株式価値を上げる努力をすべきだと思います。医薬品の場合、長期的な視野を持ち、医薬品産業の特性を理解する真っ当な機関投資家に長期保有してもらうのが王道といえます。そのためには彼らとの継続的で良好なコミュニケーションを図るべきです。そしてガバナンスについて言えば「外の客観的な眼」、具体的には独立社外取締役などの導入ももっと積極化したほうが良い企業も見受けられます。

山本 経営者にもう1つ言いたいことは、個の医療への取り組みのことです。先ほどバイオの基本技術を過小評価していた話が出ましたが、いま感じているのは個の医療というコンセプトを過小評価している方が多いということです。より良い薬をより安く患者に届けるという社会的使命を遂行する中で副作用低減と有効率拡大は大きなテーマです。その恰好なツールとしてファーマコゲノミクスがある。このツールを積極的に活用するための研究開発が疎かになっている気がします。なかには、個の医療になったらブロックバスターができなくなるというおかしな見解を持つ人もいる。非常におかしな話です。大事なのは患者を救うことであり、小さな製品も束ねれば大きくなるという発想でいいはず。

北川 今の時点でFDAが求めていないという理由だけでやらないのは、発想として貧弱だと思います。自分たちでアドバンテージを持って臨床試験をデザインし、認めさせるくらいの気持ちでいいのでは。ノンレスポンダーが多くなると困ると言うが、あとで副作用が出て、回収するリスクの方がはるかに恐い。

―― 最後に、製薬業界の今後のM&Aの潮流をどうみておられますか。

山本 それは、どうやって生きていくのかという問いかけへの答えだと思う。アステラス製薬、第一三共が誕生したのは、米国で売るためにどうするかという問いへの答えだった。一方、田辺三菱製薬、大日本住友製薬は、生き残るためにどうするのかという問いへの答え。しかし、大日本住友製薬も田辺三菱製薬もいまの状態で海外に打って出られるとは思っていないはず。こういう形の

合併はこれからも起こってくる。来年の処方せん様式の変更で潮目が変わると見ている。統合してコストカットという流れがないと生きていけない。また、なにも薬にこだわる必要もない。薬で生きていけないのなら、他の事業をやる生き方も当然あるべき。医薬品にとどまる必要はない。その会社が生き残るためにはどうするかを真剣に経営者は考えるべきです。

北川 他産業をみていると、結構、攻撃的です。HOYAをみても積極的に買収を仕掛けている。キリンビールもそう。成長のために海外の企業を買収することにも積極的です。国内のパイは限られており、成長するには海外しかない。もう時間をかけるわけにはいかないから買収するしかない。しかも財務レバレッジを高め、借金をしてまでやろうという動きに転じている。それに比べると一部企業を除き医薬品企業は守りに徹しているようにも見える。その場をリストラで耐え凌ごうとする動きがある。もちろん、そうしなければいけない事情もあるだろうが、医薬品会社のように潤沢な余剰資金はないのに、自分たちでマネージする力があると認められれば、カネを出してくれる投資家が必ずいるだろうという考えの他産業の企業と比べると、医薬品会社は全く発想が異なる。そういう面からみると大手4社等は自分たちにとってシナジーのある、日本以外のマーケットに関係するところであれば、負債性資金で調達をしてでもすべき必然性があればやる姿勢があってもいい。それが株式市場でも評価を得ていくのではないか。ただしそれだけ良いディールは簡単にはないということもわかりますが。

山本 一方で、医薬品はパイプラインが早い段階からビジブルです。これはいいなと思うものは誰もが目をつける。結果として、高くなる。製品があったとしても。それに対してどれだけプレミアムをつけられるかは経営判断。そのいい例が、武田薬品はシリックスを200億円で買った。アステラス製薬はフィブロジェンと一時金400億、総額1200億円の契約をした。しかしプロジェクトは中断しています。両社の違いは目利きにあるのでしょう。日本の医薬品企業は確かに臆病になっている気はしますが、ビジブルであるが故に高いものをつかまされる可能性も高い。それを避けるためには、手を出さないという選択肢もあって然るべきでしょう。

北川 製薬産業は生命にかかわる崇高な産業ですから、会社が成長すること自体が世の中に貢献するという、すばらしい産業と思います。是非、日本の中で、一定の重みと光を持つ、世界に冠たる産業であって欲しいですね。最近のアナリストレポートをみているといくつかの企業について「合併後のリストラ効果で増益増配：買い」というのが見出しになっていて、なんだか衰退産業のようで寂しい。やはり、ある新薬の開発ステージが進捗し上市する可能性を持っている、といったレポートが書かれるような時代が一番いいですね。それが50億円、100億円、200億円規模の新薬でもいいと思うのです。この会社には、こういったところにユニークな開発ポテンシャルがあるとわかっただけでアナリストはワクワクしてくるのものです。

> **山本義彦**：日興コーディアル証券／首席アナリスト。東京大学薬学部卒、ハーバードビジネススクールで上級経営学を修める。63年帝人に入社し生産・営業・開発に従事。86年プルデンシャル・ベーチェ証券医薬品アナリストに就任、89年ソロモン・ブラザーズ・アジア証券（現シティグループ証券）医薬品アナリスト、00年同特別顧問を経て、05年より現職。

（※本対談は『国際医薬品情報』2007年12月24日〈通巻第856号〉掲載の「特別対談」を転載・再掲したものです。）

引用および参考文献

会計全書［1964］中央経済社.
北川哲雄［1983］「投資判断資料としての決算情報の有用性－税法の呪縛からいかに開放されたかー」『企業会計』35巻6号，中央経済社.
北川哲雄［2000］『アナリストのための企業分析と資本市場』東洋経済新報社.
北川哲雄［2002］「バイサイドアナリストの台頭と資本市場における情報相互作用の高度化について」『証券経済研究』第37号.
北川哲雄［2003-a］「情報開示の基本哲学」藤田幸男編著『会計を学ぶ私の一冊』白桃書房.
北川哲雄［2003-b］「資本市場制御機構における重要性概念の再検討－アメリカにおける公正開示規則をめぐる論争を中心として－」『企業研究』第2号、中央大学企業研究所.
北川哲雄［2004-a］「わが国機関投資家における意思決定プロセスの変化に関する一考察－1990年代の回顧」『横浜経営研究』24巻4号，pp.323-334.
北川哲雄［2004-b］「アメリカにおけるアナリスト利益相反問題に関する一考察－AIMR提案の分析を中心として－」『企業研究』第4号.
北川哲雄［2007］「IR先進企業の情報開示哲学に学ぶ－松下電器産業」『青山マネジメントレビュー』第11号，プレジデント社.
北川哲雄［2010］「投資家が望む情報開示とIFRSへの期待～インタビュー結果が示唆するもの」『企業会計』62巻1号.
小林和子［1993］『昭和の証券アナリスト群像』中央経済社.
日本証券アナリスト協会［2009］『証券アナリストによるディスクロージャー優良企業選定』日本証券アナリスト協会ディスクロージャー研究会.
日本電産株式会社［2009］有価証券報告書.
本多淳［2005］『「企業価値」はこうして創られる～IR入門』朝日新聞社.

AMA [1957] *A Company Guide to Effective Stockholder Relations*, American Management Association.

AMA [1963] *Investor Relations—The Company and Its Owners*, American Management Association.

AIMR [1993] *Corporate Information Committee Report 1992-1993*, Association for Investment and Research.

Anderson, Corliss D. [1962] *Corporate Reporting For the Professional Investor — What the Financial Analyst Wants to know*, Corporate Information Committee of The Financial Analyst Federation.

Augsburger, Robert R. [1963] A Look at Professional *Investor Relations, Investor Relations — The Company and Its Owners*, American Management Association.

Cole, Benjamin M. [2003] The New Investor Relations—Expert Perspective on the state of Art, Bloomberg Professional Library.

Cultip, Scott M. [1952] *Effective Public Relations*, PRSA.

Fine Communications Inc. [2008] Creating Powerful Presentations, 2008 NIRI Annual Conference.

Morrill, Dewitt C. [1995] *The Origins of NIRI—Tiniest of seeds the mustard is But giant grows the plant—in honor of the 25th anniversary of NIRI*, NIRI.

NIRI [1998] *Standards of Practice for Investors Relations*, National Investors Relations Institute.

NIRI [2004] *Standards of Practice for Investors Relations*, National Investors Relations Institute.

Norby, William C. [1963] "Financial Analyst's Profession", *Investor Relations — The Company and Its Owners*, American Management Association.

PricewaterhouseCoopers [2006] "IFRS: The European Investors' View", PwC Report.

PricewaterhouseCoopers [2007] "Corporate Reporting; Is it what investment professionals expect?", PwC Report.

Regan, Nancy [1987] *The Institute of Chartered Financial Analysts: A Twenty Five Year History*, The Institute of Chartered Financial Analysts.

Saxon, O. Glenn, Jr. [1963] "Ground rules for talking with Analysts", *Investor Relations — The Company and Its Owners*, American Management Association.

Thompson, Lois M. Jr. [2006] *"Investor Relations: It's not a Dog and Pony Show"*, California Bankers Association.

著者略歴

北川　哲雄（きたがわ　てつお）　青山学院大学教授（大学院国際マネジメント研究科）

　学　　歴　1975年に早稲田大学商学部卒業、同大学院修士を経て中央大学大学院博士課程修了（経済学博士）。

　職　　歴　1981年に野村総合研究所へ入社後、モルガン銀行東京支店等においてアナリスト活動に従事後現職。

　主な著書　「証券アナリストのための企業分析」（東洋経済新報社、2004年、共著）、「企業価値向上のためのIR経営戦略」（東洋経済新報社、2004年、共著）、「株主圧力の高まりと日本企業の変革」（日本経済研究センター、2006年、共著）、「コーポレート・ガバナンスと企業価値」（中央大学出版部、2007年、共著）、「資本市場ネットワーク論」（文眞堂、2007年、単著）

IRユニバーシティ──IRオフィサー入門　　（検印省略）

平成22年9月30日　初版発行

発　行　人　　栗田　晴彦
発　行　所　　国際商業出版株式会社
　　　　　　　東京都中央区銀座6-14-5 〒104-0061
　　　　　　　電話 03(3543)1771　FAX 03(3545)3919

印刷・製本　　日本フィニッシュ株式会社

万一、落丁乱丁本の場合はお取り替え致します　　Printed in Japan
ISBN978-4-87542-220-4 C2034